INTELIGÊNCIA EM LIDERANÇA

os 5Qs

PARA PROSPERAR COMO LÍDER

Ali Qassim Jawad e
Andrew Kakabadse

INTELIGÊNCIA EM LIDERANÇA

PARA PROSPERAR COMO LÍDER

TRADUÇÃO
UBK Publishing House

© 2019, Ali Qassim Jawad & Andrew Kakabadse
Copyright da tradução © 2019 por Ubook Editora S.A.

Publicado mediante acordo com Bloomsbury Publishing Plc. Edição original do livro, *Leadership Intelligence*, publicada por Bloomsbury Publishing Plc.

Todos os direitos reservados. Nenhuma parte deste livro pode ser utilizada ou reproduzida sob quaisquer meios existentes sem autorização por escrito dos editores.

COPIDESQUE	Lohaine Vimercate
REVISÃO	Pérola Paloma e Rafael Otatti
CAPA E PROJETO GRÁFICO	Bruno Santos

Dados Internacionais de Catalogação na Publicação (CIP)
(Câmara Brasileira do Livro, SP, Brasil)

Jawad, Ali Qassim
  Inteligência em liderança : os 5Qs para prosperar como líder / Ali Qassim Jawad, Andrew Kakabadse ; tradução UBK Publishing House. -- Rio de Janeiro : Ubook Editora, 2019.

  Título original: Leadership Intelligence : the 5Qs for thiving as a leader
  ISBN 978-85-9556-104-5

  1. Liderança - Aspectos psicológicos I. Kakabadse, Andrew. II. Título.

19-29473   CDD-158.4

Ubook Editora S.A
Av. das Américas, 500, Bloco 12, Salas 303/304,
Barra da Tijuca, Rio de Janeiro/RJ.
Cep.: 22.640-100
Tel.: (21) 3570-8150

Sumário

Um agradecimento em especial	7
Agradecimentos	11
Prefácio	13
Introdução	17

1. QI: Trilhando seu caminho até a vantagem competitiva através do pensamento 26

QI é a capacidade do líder de adquirir conhecimento, refletindo suas habilidades dedutivas/ racionalistas e combinando informações contrastantes para elaborar um argumento convincente.

2. QE: Aproveitando as emoções, melhorando os relacionamentos 61

QE é a habilidade do líder de entender e gerenciar tanto suas próprias emoções quanto as dos outros.

3. QP: Trabalhando através da política 88

QP é a capacidade do líder de navegar em meio às diversas agendas dos *stakeholders*, enquanto garante o envolvimento contínuo dos *players* críticos

4. QR: O valor da resiliência 116

QR reflete a capacidade do líder de sustentar emocionalmente a alta performance, mesmo sob pressão e adversidade contínuas.

5. QM: Vantagem competitiva através da tomada de 134
decisões morais

QM é a capacidade do líder de compreender o seu próprio sistema de valores e utilizá-lo para determinar os limites morais dos indivíduos, das equipes e da organização.

6. Os 5Qs no trabalho 158

Apêndice | Lista de verificação dos 5Qs 179

Um agradecimento em especial

Somos profundamente gratos a todos os ministros de Estado, CEOS, presidentes, gerentes gerais, gerentes de nível médio e baixo, funcionários públicos, políticos e funcionários de organizações do terceiro setor, pela inspiração, pelas opiniões e pelos comentários sobre liderança que levaram a este livro. Trabalhar com vocês, treinar, aconselhar, prestar consultoria e pesquisar sobre vocês forneceu o pensamento e a evidência que tornaram o conceito dos 5Qs uma realidade. Todos vocês são especiais, pois cada um forneceu uma visão única, na qual nos baseamos para moldar este livro.

Sua Majestade, o sultão Qaboos bin Said, chefe de Estado, sultão de Omã, merece uma menção especial. Omã é um país geograficamente vasto, com uma população pequena, recursos naturais bastante modestos e vizinhos complicados. Apesar disso, é pouco pretensioso politicamente e conseguiu se tornar um sinônimo de estabilidade, tolerância e neutralidade sensata. Como o Omã conseguiu tudo isso? A resposta é *liderança*, e esperamos que este livro consiga mostrar como.

O fato de o sultão Qaboos bin Said ainda ser reverenciado pela população após quase meio século no poder é algo notável.

Um QI elevado foi claramente necessário. Gerir uma empresa é um trabalho exigente; governar um país, ainda mais. Mas chefiar um país com uma composição cultural tão complexa é um desafio ainda maior. Fazer isso, com sucesso, por quase meio século é uma conquista surpreendente, que requer um líder com alto grau de inteligência cognitiva, capaz de conceber, manter e adaptar seus argumentos em face de novos desafios.

Mas QI não é o suficiente. A compreensão que o sultão Qaboos tinha de si próprio e dos seus diferentes cidadãos o levou a perceber que, na verdade, o que os outros viam como um desafio era a oportunidade de construir uma nação mais forte. Uma sensibilidade aguçada das preocupações, inseguranças e aspirações alheias, juntamente com uma boa compreensão das próprias emoções e um bom controle sobre elas, faz com que o quociente de inteligência emocional (QE) complemente o QI, inspirando um caminho a seguir.

A inteligência política (QP) também é importante. A navegação cuidadosa do sultanato pelas agendas contrastantes de seus colegas, membros do Conselho de Cooperação do Golfo (CCG) e de outras potências regionais e globais, como Irã, Estados Unidos, China, Índia e Reino Unido, exigiu um instinto político altamente afinado e determinação inabalável para engajar os diferentes investidores. Traçar um caminho a seguir através das agendas deles, assegurando, ao mesmo tempo, o envolvimento contínuo com *players* críticos, tem sido uma característica distinta do seu reinado.

Sua resiliência (QR) também tem sido evidente. O sultão Qaboos não perdeu seus objetivos de vista, apesar de enfrentar pressões econômicas, como a queda do preço das exportações, ou políticas, como falhas geopolíticas grandes o suficiente para desencadear um desarranjo diplomático severo.

Um outro fato interessante sugere que há mais em jogo. Em 2015, o Centro Internacional para o Estudo da Radicalização e da Violência Política, do King's College de Londres, descobriu que nem um único omani se juntou aos mais de 20 mil combatentes estrangeiros que lutam ao lado do Estado Islâmico do Iraque e da Síria (isis). Em novembro de 2016, o Instituto para Economia e Paz, em Sydney, lançou o Índice Global de Terrorismo, que avalia o impacto do terrorismo em 163 países utilizando uma escala de zero a dez. Apenas 34 países obtiveram zero pontos, e Omã foi o único país do Oriente Médio entre eles.

Isso não é por acaso. É o resultado da liderança moral (qm). Foi a presença de uma bússola moral inabalável que permitiu ao sultão Qaboos ter uma visão clara, desde o início do seu reinado, daquilo que queria que o seu país fosse. Ele começou capacitando as mulheres, ao mesmo tempo em que superava uma insurgência herdada e unia as tribos, muitas vezes rebeldes, por trás da sua visão. A clareza sobre o local para onde sua bússola moral aponta e sua fidelidade a ela fizeram do Omã um país pacífico, com uma sociedade coesa e um forte senso de nação.

O conceito dos 5Qs delineado neste livro, e suas ideias implícitas, formam a base do Programa Nacional do Omã de Competitividade e Bem-estar do Cidadão, que firma parcerias entre o governo e o setor privado para atingir metas nacionais ambiciosas. Isso é, por si só, uma aclamação bem-vinda.

Então, obrigado novamente. Gostaríamos de dedicar este livro aos homens e às mulheres que deram exemplos vivos do que uma liderança bem equilibrada deve ser. O que nós, como autores, aprendemos com vocês é que estes princípios são universais. Eles podem ser aplicados à gestão das empresas, aos governos e às instituições multilaterais. O propósito deste livro é destilar e decodificar os princípios dos 5Qs. Esperamos que ele contribua para o seu sucesso, fornecendo uma estrutura para o seu desenvolvimento contínuo.

Agradecimentos

DR. ALI QASSIM JAWAD

Quero agradecer à minha amorosa e apoiadora esposa, Yasmin, e aos meus seis maravilhosos filhos, Eman, Zahra, Mona, Adam, Amal e Ibrahim, pelo amor e inspiração contínuos.

Gostaria também de agradecer à S. E. E. Sayed Khalid bin Hilal Al--Busaidi, ministro do Diwan do Tribunal Real, pela orientação, apoio e encorajamento ao longo deste projeto.

PROF. ANDREW KAKABADSE

Gostaria de agradecer à minha esposa, professora Nada Kakabadse, por toda a ajuda, pelo amor, apoio e por todos os conselhos sobre este livro. Obrigado também à Sophia e ao Reeves. Observar vocês como uma nova geração na maneira de enfrentar os desafios que aparecem deixa claro que o conceito dos 5Qs abrange diversos territórios e faixas etárias. Vocês não sabem, mas as suas contribuições para o meu pensamento têm sido inestimáveis.

Prefácio

É melhor liderar na retaguarda e colocar os outros na frente, especialmente na comemoração de uma vitória, quando as coisas boas acontecem. Mas você deve tomar a linha de frente quando há perigo. Desse modo, as pessoas apreciarão a sua liderança... Há momentos em que um líder deve sair à frente do rebanho, ir em uma nova direção, confiante de que está levando seu povo para o caminho certo.

NELSON MANDELA

A liderança foi algo que eu (Peter Hain) aprendi no trabalho.

Ninguém me ensinou a ser um líder de campanha anti-apartheid, como eu me vi obrigado a ser quando tinha dezenove anos. Menos de duas décadas mais tarde, fui tutelado para ser membro do parlamento e, posteriormente, do governo. Depois, me tornei ministro.

No entanto, a experiência adquirida nesta jornada inédita, de manifestante a aristocrata, durante cinquenta anos na política me permitiu ensinar aos alunos de MBA e aplicar, nas empresas e em outras organizações, as lições que aprendi.

Levar outras pessoas a alcançar o êxito foi, simultaneamente, um privilégio e uma grande responsabilidade confiados a mim; a mais importante conquista sendo, talvez, a negociação da solução de 2007 para o conflito da Irlanda do Norte, que levou velhos e amargos inimigos a fazerem um autogoverno juntos.

A experiência e sabedoria alheia frequentemente me guiaram, mas, na maioria das vezes, eu aprendi a liderança sozinho, inclusive com meus próprios erros.

Líderes excepcionais são poderosos na comunicação, ágeis na reação às mudanças, bons em ouvir, dispostos a continuar aprendendo — e, ainda assim, resilientes. Talvez, acima de tudo, os grandes líderes sejam capazes de pensar e repensar rapidamente à medida em que as circunstâncias mudam.

Seja como ministro de gabinete, presidente ou CEO, é necessário fazer as coisas acontecerem através de ações inteligentes. Mas onde estão os textos que explicam como solucionar desafios exigentes e delinear as habilidades e qualidades que fazem a diferença?

Talvez este livro possa preencher essa lacuna. Baseados em uma extensa pesquisa global que abrangeu milhares de organizações e três governos, os autores concluem que cinco inteligências independentes sustentam o líder excepcional.

A inteligência cognitiva (QI) é muitas vezes considerada a mais crítica. Porém, em um mundo de desalinhamentos e de pessoas que buscam interesses contrastantes — e às vezes concorrentes —, pensar rápido em um argumento convincente é extremamente necessário. A menos que outras pessoas estejam realmente ouvindo e sendo persuadidas, quanto valem as habilidades e qualidades de liderança?

A clareza de perspectiva é vital, mas não é suficiente por si só. Engajar-se com os outros, cativar sua imaginação, fazer com que as pessoas sintam que suas preocupações e desejos são centrais para o que está sendo proposto, andam de mãos dadas com o pensamento inteligente. Isso traz a amplamente citada inteligência emocional (QE) — frequentemente o lado delicado da mente afiada.

Mas isso também é insuficiente. As competências da inteligência política (QP) são igualmente necessárias para assegurar a coesão em um mundo de diferenças crescentes. Ser sensível (QE) e ser um negociador inteligente (QP) são habilidades que se sobrepõem; QP é como QE, mas com uma agenda, e isso é o que é preciso para transformar o impossível em algo possível.

Aqueles que assumem o comando precisam lidar com as diferenças e tensões, que, depois de um tempo, podem te desgastar. Por isso o quarto Q, quociente de resiliência (QR) é necessário; resiliência é ser emocionalmente inflexível por dentro e, ainda assim, empático e compreensivo por fora — não é uma combinação fácil de alcançar, mas é vital.

No entanto, em um mundo de exposição à imprensa, mídia e redes sociais, de que valem esses 4Qs sem uma nítida bússola moral? O quinto Q, o quociente moral (QM), conduz os líderes através de dilemas que eles inevitavelmente enfrentam. Dilemas são prerrogativas e privilégios dos líderes. Grandes líderes não só abrem caminhos, como são, também, a última linha de defesa. Saber onde e o porquê de estar onde está é tão importante quanto o pensamento inteligente e o comportamento sensível. Como líder, você sabe que chegou lá por causa dos dilemas crescentes que precisou enfrentar.

E assim são os 5Qs. Este livro inovador capta a nitidez do intelecto com cordialidade, receptividade e a força de caráter para persistir; além de ser um guia ético para lidar com a turbulência moral.

É possível que cada uma dessas inteligências de liderança já tenha sido tratada, de uma forma ou outra, em muitas literaturas diferentes: desde política, estratégia, sociologia e psicologia até filosofia.

Mas, pela primeira vez, esses vastos campos foram condensados em um livro pequeno e fácil de ler, que delineia as cinco inteligências de liderança que fazem a diferença na performance e na contribuição de qualquer líder.

Não há atalhos para a liderança. Este é um livro tanto para líderes que desejam continuar se aprimorando, como para aqueles que querem se tornar líderes.

Adotar os 5Qs ajudará você a navegar por alguns dos terrenos de liderança mais desafiadores que irá conhecer.

Filho de ativistas sul-africanos que foram exilados quando ele ainda era adolescente, em 1966, Lord Peter Hain foi um líder britânico anti-apartheid, depois membro do Parlamento pelo Neath 1991-2015; secretário de Estado da Irlanda do Norte, do País de Gales e de Trabalho e Pensões, líder da Câmara dos Comuns e ex-ministro de Estado das Relações Exteriores e ministro de Energia. Autor de 21 livros, sua autobiografia *Outside In* foi publicada pela editora Biteback em 2012. Membro extraordinário da Henley Business School, ele também é professor convidado da Wits Business School e da University of South Wales.

Introdução

A melhora no desempenho foi a única questão na agenda da reunião. Mantenha a simplicidade e o foco, pensou John, o diretor de RH, quando fez a declaração de abertura: "Precisamos ser claros sobre qual é a nossa vantagem competitiva para, em seguida, desenvolvermos as competências e habilidades necessárias para alcançar este objetivo."

Ele olhou ao redor da mesa. Os outros diretores da empresa pareciam estar de acordo. E, ainda assim, quinze minutos depois, John se sentiu impotente, à medida em que a reunião se deteriorou, transformando-se em brigas territoriais. Toda vez que algum progresso era feito, a posição defensiva tomava conta. Autoproteção. Autopreservação.

Todos concordaram que a única vantagem competitiva da empresa era o serviço. Mas depois, os custos e orçamentos surgiram em suas cabeças. A sede do escritório estava no caminho, os colegas de John disseram repetidamente.

No entanto, ninguém cedia quando se tratava dos próprios orçamentos e organização. Ao mesmo tempo, negaram não ter espírito de equipe. John olhou ao redor da sala e pôde ver seu trabalho duro dos últimos seis meses evaporando. O que fazer quando se é confrontado por perspectivas incompatíveis e nenhuma vontade de se ajustar?

Esse cenário pode parecer familiar. Tais reuniões são tão comuns quanto confusas. O negócio global se tornou complexo, e interações do dia a dia são, muitas vezes, caracterizadas pela falta de harmonia; com indivíduos seguindo suas próprias agendas de forma implacável, muitas vezes por uma boa razão. O desafio que este livro aborda é como podemos ser melhores em transpor nossos obstáculos pessoais e organizacionais, nos tornando mais alinhados e engajados em meio a um mundo de opiniões e atitudes diversas.

Navegar através de complexidades perturbadoras está no centro da gestão moderna — seja em uma empresa, um hospital ou um departamento governamental. No entanto, há pouca discussão sobre como tornar as interações políticas uma habilidade central de gestão. As estantes rangem sob o peso dos livros que falam sobre estratégia e as qualidades que o grande líder precisa ter para conquistar seguidores motivados e dedicados. A literatura de gestão está cheia de textos sobre como unir esforços e caminhar em uma mesma direção são habilidades imprescindíveis. O pressuposto parece ser que, se falarmos de um problema durante tempo suficiente, todos verão a lógica implícita e chegarão a uma conclusão comum.

Esse pensamento racional é poderoso e remonta à década de 1920, quando a Escola de Economia de Chicago promoveu o "racionalismo econômico". Esse conceito sugere que, se você estabelecer um panorama claro e racional, que todos acreditem ser verdadeiro, as pessoas se envolverão com ele. Ao fazê-lo, os interesses de todos estarão perfeitamente alinhados. A filosofia do racionalismo é profunda e remonta à Sir Isaac Newton, à gravidade e à poderosa tradição de metodologia científica que se seguiu. Nos últimos duzentos anos, o racionalismo científico transformou-se em racionalismo econômico, que abraça, e frequentemente sufoca, as organizações de hoje.

E é só até aí que o racionalismo consegue te levar no ambiente extremamente complexo e desconcertantemente humano da organização moderna. A crise bancária de meados da década de 2000 foi apenas um exemplo de como a objetividade é muito dependente dos olhos de quem vê. O que é necessário, em vez disso, é a diversidade de pensamento. As complexidades das organizações precisam ser abordadas por mentes ágeis, que consigam gerir não só o que uma organização *deve* ser, mas também, e ainda mais importante, qual é e qual *pode* ser a sua entrega de valor.

A entrega de valor está no coração das organizações. Para os administradores, requer um investimento de tempo tão grande quanto a criação ou execução da estratégia. O sucesso requer o entendimento da lógica do que precisa ser feito, combinado com a sensibilidade ao contexto para garantir que algo aconteça. Em conjunto, isso supera todos os obstáculos emocionais, egoístas e culturais que impedem o sucesso.

Esse era o problema de John. Todos os diretores concordaram que uma estratégia de vantagem competitiva que abrangesse toda a empresa era eminentemente sensata. "Não há necessidade de rever tudo outra vez, John. Nós compramos", exclamou um dos diretores. Na realidade, porém, ele pesquisou com seus colegas e viu que não houve a compra de ações. Havia poucas chances de fazer com que a estratégia de serviço que havia sido acordada funcionasse. As diferentes partes da organização reagiriam de forma diferente quando confrontadas com o desafio de responder às exigências do mercado.

DUAS MENTALIDADES DE LIDERANÇA

Ao longo de décadas de trabalho com organizações em todo o mundo, concluímos que existem duas abordagens muito diferentes para criar valor enquanto líder. Uma é sobre "buscar uma proposta de valor" e a outra é sobre "valor entregue". Acreditamos firmemente nesta última abordagem.

É provável que o criador de uma proposta de valor seja alguém que pense de maneira mais generalizada e coloque a estratégia acima de tudo. O criador do valor entregue, ao contrário, se caracteriza pela proximidade com os clientes e outros *stakeholders* — e baseia sua estratégia na evidência que eles fornecem. Outra forma de expressar esta diferença é dizer que alguns líderes se baseiam na visão (em grande parte não testada) de como o valor pode ser criado, e alguns se baseiam na missão, focados na entrega de valor baseado em evidências.

A maioria dos líderes tem uma configuração padrão, inclinando-se para uma dessas mentalidades: valor percebido ou entregue.

Aqueles que defendem o pensamento da proposta de valor (liderança baseada na visão) começam por formular um valor percebido ou hipótese, e depois procuram evidências para embasar a estratégia. Eles têm uma noção pré-concebida de como a organização deve criar valor e de como organizar uma estratégia para alcançá-la. Normalmente, a estratégia emana de dentro da sala de reunião. As visões típicas vêm sendo as maiores, melhores, mais poderosas e mais dominantes do mercado.

Infelizmente, alcançar a visão pode se tornar um fim em si mesmo. Veja os problemas enfrentados pela Toyota e pela Volkswagen depois que decidiram estar entre as maiores fabricantes de automóveis do mundo (e, antes delas, a General Motors). Em ambos os casos, eram empresas bem geridas que tiraram os olhos da bola, perdendo de vista a missão que as engrandeceria. O valor que elas pensaram que fluiria por serem as maiores em seus mercados não se concretizou.

Na abordagem de valor percebido, existe o perigo da estratégia se tornar um dogma, pois os gerentes seniores têm como objetivo justificar uma visão preconcebida do mundo e da criação de valor. A criação de valor pode acabar se dissociando da realidade e das evidências que a sustentam. A rotina e a negação tomam conta e a empresa passa a funcionar, durante algum tempo, com base na competência pré-existente, em vez da excelência; mas, em última análise, está condenada ao fracasso.

Há outra maneira. Líderes eficazes que se baseiam na missão reúnem evidências dos *stakeholders* internos e externos para determinar o valor que a organização está entregando hoje e o valor que poderá entregar no futuro. Uma estratégia é então implementada para apoiar essas descobertas e é deliberadamente exposta aos desafios dos *stakeholders* para criar engajamento. Essas são organizações orientadas para a entrega de valor.

Ligar os pontos da realidade diariamente de uma maneira dinâmica é a base para, de fato, entregar valor. As empresas que se mantêm bem-sucedidas ao longo de muitos anos encontram formas de incutir o que representam e a sua abordagem nas ações de criação e entrega de valor.

Líderes focados na entrega de valor se esforçam para criar uma cultura que constantemente questiona a evidência para testar a estratégia. Esses tipos de líderes são impulsionados pela criação de valor entre os *stakeholders* fora da sala de reunião do conselho e se concentram em comprovar diariamente sua estratégia a partir das evidências coletadas.

No entanto, nossa pesquisa sugere que a maioria dos líderes se encaixa na primeira categoria, com uma mentalidade de proposta de valor, na abordagem de valor percebido. As salas de reunião estão cheias de executivos que buscam uma visão predeterminada, com pouca vontade de se adaptar ou, até mesmo, de ouvir as evidências. Uma complexa rede de lógicas incompatíveis muitas vezes satura o próprio ambiente da sala de reunião.

REDUZINDO A COMPLEXIDADE

O objetivo deste livro é ajudar os líderes a se tornarem bem-sucedidos em seu caminho através das complexidades, para que alcancem uma visão alinhada e convençam as pessoas a focarem na entrega de valor.

A verdadeira tarefa e a medida de qualquer bom líder é a sua capacidade de, constantemente, desafiar pressupostos sobre a criação de valor e sobre o que precisa ser feito para dar suporte à missão da organização.

Não estamos dizendo que isso seja fácil. Os líderes organizacionais trabalham em economias e ambientes complexos, tecnológicos e acelerados; lutando para lidar com desafios que não existiam antes. A governança contemporânea exige uma abordagem cognitiva variada e versátil dos problemas. Tempos exigentes demandam mentes ágeis.

Paul Polman, chefe-executivo da Unilever, comentando sobre o sucesso dos CEOs, observa, "O mandato médio do CEO atualmente é de quatro anos e meio; já o tempo médio de funcionamento de uma empresa de capital aberto é de dezessete anos. As qualidades que os líderes possuíam no passado podem não ser aplicáveis ao futuro.[1]

"Os desafios que estamos observando neste momento diferem significativamente dos desafios que existiam há dez, vinte ou trinta anos. Vivemos em um período muito interessante, em que os riscos econômicos, ambientais e geopolíticos e as revoluções tecnológicas estão se unindo. Claramente algumas pessoas têm dificuldade para lidar com isso.

"Um dos traços de caráter mais importantes de um líder hoje em dia é a coragem. Eu trabalho em uma série de metas de desenvolvimento sustentável e estamos trabalhando na redução da pobreza, agricultura sustentável e mudanças climáticas; e muitas vezes eu me vejo em painéis com pessoas altamente especializadas, que às vezes são, também, altamente críticas. Às vezes é difícil, como CEO, acompanhar os especialistas, mas é preciso ter a coragem para participar."

Poleman está descrevendo a nova realidade da liderança. Muitos dos nossos gestores mais talentosos e potenciais líderes estão mal equipados para enfrentar esses desafios no presente. Esperamos que este livro os ajude.

Nossa pesquisa identificou que líderes de alta performance empregam, simultaneamente, cinco inteligências-chave de liderança, chamadas de 5Qs, para alcançar uma mudança transformacional eficaz e incorporar profundamente essa mudança a fim de alcançar um sucesso sustentável.

---

1. *Sunday Times*, 18 set. 2017, p. 12.

Os 5Qs são os quocientes de: inteligência cognitiva (QI); inteligência emocional (QE); inteligência política (QP); resiliência (QR): e inteligência moral (QM). Assim como os ácidos nucleicos constituintes do DNA criam a substância que funciona como a estrutura para a vida humana, esses 5Qs se reúnem para delinear cada aspecto da liderança. Explicados em sua essência:

- QI é a capacidade do líder de adquirir conhecimento, refletindo suas habilidades dedutivas/ racionalistas e combinando informações contrastantes para elaborar um argumento convincente;
- QE é a habilidade do líder de entender e gerenciar tanto suas próprias emoções quanto as dos outros;
- QP é a capacidade do líder de navegar em meio às diversas agendas dos *stakeholders*, enquanto garante o envolvimento contínuo dos *players* críticos;
- QR reflete a capacidade do líder de sustentar emocionalmente a alta performance, mesmo sob pressão e adversidade contínuas (inclui a coragem e a força de caráter para participar, mencionadas por Polman); e
- QM é a capacidade do líder de compreender o seu próprio sistema de valores e utilizá-lo para determinar os limites morais dos indivíduos, das equipes e da organização.

Essas inteligências representam os controles conscientes e inconscientes das ações que executamos para moldar nossa resposta às demandas externas.

Pode parecer contraintuitivo argumentar, como fazemos neste livro, que criar valor agregado requer inteligência política (QP) e QI. A política é, muitas vezes, vista como uma força negativa. Falamos de política de escritório como tóxica para uma cultura. Mas, no seu verdadeiro sentido, a política é o processo pelo qual interesses diferentes, e muitas vezes concorrentes, se reconciliam para alcançar uma mudança positiva. QP é o antídoto para a complexidade. É um dos 5Qs requeridos pelos líderes que se baseiam na missão.

Nossos estudos testaram esses conceitos em líderes de elite, incluindo ministros, funcionários públicos de alto escalão, executivos de nível C e de conselho nos Estados Unidos, Reino Unido, Índia, Austrália, Europa, Rússia, Ásia e Golfo Pérsico; e foram aplicados em quatro níveis críticos de liderança: gerência inferior, gerência geral, coordenação e conselho de administração.

Estes níveis organizacionais representam as competências necessárias para o domínio de trabalhos específicos, ou seja, de diferentes grupos de práticas de trabalho, nos quais as exigências vão desde tarefas e atividades relativamente simples, que requerem pensamento racional e trabalho em equipe ao nível da entrega, passando pelo posicionamento complexo de conceitos até a influência sutil dos *stakeholders* nos níveis de coordenação e conselho.

Pense na pessoa responsável pelos vistos no Ministério das Relações Exteriores, no primeiro caso, e o próprio ministro das Relações Exteriores no segundo. Líderes trabalhando em diferentes níveis e domínios de trabalho que exigem diferentes combinações dos 5Qs.

A implementação dos 5Qs varia nas diferentes organizações e muda de acordo com o cargo e as condições estratégicas e operacionais enfrentadas.

Nossa pesquisa destaca que os 5Qs não são aplicados de forma consistente nesses quatro níveis de gestão.

Embora um nível cada vez maior de QI pareça ser necessário em todos os níveis, o grau em que os líderes são obrigados a utilizar seu QP parece aumentar à medida que sobem na hierarquia organizacional. Em contraste, os líderes se apoiam mais em seu QE nos níveis gerenciais inferiores e na gerência geral e menos na coordenação e no conselho.

Os líderes estratégicos de alta performance possuem a capacidade de analisar e lidar de forma hábil com agendas conflitantes; por exemplo, entre o QI e o QP. Ter espírito de equipe é importante, mas não é algo crítico. Em um governo, especialmente, um alto grau de

QP e QE permite que os funcionários públicos compreendam melhor os interesses e reações de todas as partes envolvidas — sendo a cidadania o fator mais importante. Compete tanto ao ministro quanto ao funcionário público encontrar caminhos através de exigências contraditórias para emergir com uma política viável e prestar serviços ao público. O cidadão pode até não saber qual é a política certa, mas consegue perceber rapidamente quando não está sendo bem servido.

Olhando mais de perto para essa questão, é possível dizer que QI, QE e QP são inteligências "livres de valor". Um líder com bons resultados cognitivos, emocionais e políticos consegue aplicá-los para bons ou maus propósitos. A inteligência moral, pelo contrário, é por definição "valorada" e proporciona uma função de verificação ou de consciência na tomada de decisões. É curioso relatar que, quanto mais alto a pessoa chega na organização, menos éticas e morais se tornam as práticas, independentemente do que chega ao público. (Este ponto controverso é discutido mais adiante, no capítulo sobre o QM.)

Embora seja possível discutir se o QI é herdado ou desenvolvido ao longo do tempo, evidências sugerem que QE, QP e QM podem ser cultivados ao longo da vida ou da carreira. Um modelo de liderança que enfatize o desenvolvimento dessas inteligências servirá para preencher lacunas graves na próxima geração e ajudará a desenvolver uma estrutura de pensamento equilibrada e esclarecida para abordar problemas de estratégia, política e governança.

Em um mundo no qual o panorama político, social e econômico mudam rapidamente e sem aviso prévio, todos os líderes — dos setores privado, de serviços e público — devem dispor de elementos fundamentais que garantam resultados sustentáveis. Estes são os 5Qs.

Ali Qassim Jawad e Andrew Kakabadse

1
QI: TRILHANDO SEU CAMINHO ATÉ A VANTAGEM COMPETITIVA ATRAVÉS DO PENSAMENTO

O ponto-chave na agenda do conselho era a compra de uma usina elétrica em Budapeste, Hungria. O CEO e os coordenadores estavam com fome de aquisições. Depois que o diretor financeiro terminou de apresentar o caso ao conselho, os diretores não-executivos começaram a fazer perguntas. Alguns acharam que o caso era fraco, mas o CEO e o diretor financeiro foram impressionantemente persuasivos. O argumento deles foi embasado por provas convincentes. Parecia que o conselho estava a favor.

Neste ponto, a presidente interveio. Ela capturou a essência do argumento. Conhecia os detalhes intimamente e então, de forma clara, passo a passo, descreveu o panorama geral. Quanto mais a presidente falava, mais claro ficava que não era a favor da aquisição; só que ela passou essa impressão sem, necessariamente, opinar. Usando dados de forma inteligente, ela pintou uma alternativa estratégica diferente. Falou sem usar anotações ou documentos de apoio, mas o caso que apresentou foi ainda mais convincente do que o apresentado pelo CEO e pelo diretor financeiro: "Então, sim, é uma excelente ideia. Mas e quanto ao tempo de gestão que vai ser necessário para que esta usina em dificuldades esteja à altura dos nossos padrões? O que sabemos sobre a cultura organizacional dela? Que tipo de contatos governamentais poderemos aproveitar? E temos isso na Hungria? E, se as coisas não derem certo, qual será o risco para a nossa reputação?" A presidente olhou para o conselho. "Hora de decidir!"

A utilização seletiva e inteligente dos dados, a clareza de pensamento e um argumento bem arredondado são elementos fundamentais de um caso convincente. Neste caso, a presidente ganhou a discussão, mesmo que a usina estivesse com um preço baixo.

Após a reunião, a presidente sugeriu cautelosamente ao CEO, "Talvez, em uma próxima ocasião, você e eu devêssemos passar algum tempo pensando sobre projetos importantes, antes que algo seja apresentado ao conselho. Afinal, todos nós queremos a mesma coisa."

A presidente foi esperta e conseguiu o que queria com sensibilidade, mas de forma persuasiva, através da força da argumentação. Ela não está sozinha. Os escalões superiores das organizações estão cheios de pessoas muito inteligentes. Eles apreciam a maneira como um argumento bem construído, que faça sentido dentro de todas as informações apresentadas, consegue fazer a diferença quando se trata de conquistar pessoas ou perdê-las completamente.

QI é *a* habilidade vital ao se trabalhar com dados conflitantes para apresentar um caso claro e argumentar a respeito de qual direção deve ser tomada em seguida. O QI está associado a fatores que vão desde a morbidez até a mortalidade, status social e, em grau significativo, QI parental biológico.

A validade do QI como prenunciador de desempenho no local de trabalho varia entre os diferentes tipos de empregos. Alguns estudos afirmam que o QI só é responsável por 1/6 da variação na renda, pois são baseados em jovens adultos que ainda não atingiram seu pico de capacidade de ganho, ou que nem mesmo completaram sua formação. Nossos estudos dizem o contrário. Sem uma capacidade deliberada de dedução e racionalização em constante evolução, nenhum gerente geral vai durar muito tempo. QI é a principal habilidade da gestão. Cada indivíduo precisa desenvolver uma capacidade cada vez maior de pensar sobre os complexos desafios que enfrentam. Ser um gerente geral exige conhecimentos de estratégia, operações, marketing, finanças, psicologia, trabalho em equipe, governança e muito mais. Apreciar a maneira como os outros pensam; penetrar na mente das pessoas; reconhecer o porquê de certas relações e interações serem o que são — todos esses são elementos do QI exigido dos gestores. Ser capaz de explicar por que a organização é como é e como avançar em seguida são as principais capacidades de qualquer gerente de alta performance. Ao fazer isso, eles saltam entre pequenos detalhes e grandes declarações, ao mesmo tempo em que fornecem evidências de como os dois estão ligados.

QI E VALOR EXTRA

"O maior desafio que enfrento é gerir e lidar com a incerteza. Isso inclui, por exemplo, incertezas políticas, financeiras, tecnológicas e culturais, entre outras. Preciso ser capaz de lidar com questões repentinas e importantes à medida que elas surgem, ao mesmo tempo em que continuo cumprindo as metas gerais da nossa organização", confidenciou um CEO.

O QI determina a eficácia com que os líderes pensam em extrair valor extra de seus papéis. É isso que determina até onde o líder pode posicionar a organização para superar os concorrentes. Dentre as habilidades cognitivas concentradas que fazem a diferença estão:

- raciocínio analítico;
- ser receptivo à mudança;
- ter habilidade para lidar com as diferenças;

- pensamento que abarque o panorama geral;
- definição e alinhamento de estratégias e agendas;
- prospectiva estratégica e visão a longo prazo;

Os líderes são continuamente obrigados a utilizar o seu QI para compreender questões altamente complexas. Eles precisam lidar com a incerteza, desenvolver estratégias para lidar com complexidades e conflitos de maneira eficaz, além de alinhá-las com os objetivos, responder à evolução das circunstâncias e contextos, e seguir adiante através de agendas contrastantes para alcançar as metas desejadas.

A competência número um exigida a todos os níveis de gestão é a capacidade de construir e apresentar um argumento plausível e convincente. O QI é sobre como você vê uma situação, analisa as circunstâncias e depois usa esses dados para construir um modelo do que fazer na sequência a fim de tornar suas ações cabíveis.

Quanto mais sênior um indivíduo for dentro de uma organização, maior será a necessidade do QI. Esses são os líderes confrontados pela falta de alinhamento ou pelas circunstâncias aparentemente impossíveis que estão fora de seu controle. Para esses líderes, a complexidade é um fato da vida.

Por exemplo, os líderes que fizeram a transição de emprego do setor privado para o setor público rapidamente se conscientizaram da necessidade de adaptar seus comportamentos e realinhar suas metas. Essa compreensão dos objetivos mais amplos que impulsionam o governo inclui o cumprimento de agendas sociais e econômicas, além da manutenção de interesses diferentes, e possivelmente conflitantes, e das dinâmicas de uma rede diversificada de *stakeholders*.

O diretor de operações (COO) de uma organização do setor público explicou que, ao fazer a transição, o principal ajuste necessário é reconhecer que os processos de tomada de decisão no setor público são mais complexos e demorados. Compreender essa questão, as razões por trás dela e adaptar o comportamento a esta nova dinâmica são fatores cruciais para o processo de transição.

Os líderes também precisam aprender de forma rápida, determinar a melhor forma de aplicar no setor público os conhecimentos adquiridos no setor privado e identificar a melhor forma de usar sua inteligência para resolver problemas novos e desconhecidos, a fim de liderar de maneira eficaz.

Experiências e sucessos anteriores são importantes. Eles geram líderes confiantes em suas capacidades, os colocam em uma boa posição para avaliar os riscos associados aos desafios e às estratégias futuras, e fazem com que ganhem credibilidade e confiança daqueles que lideram ou são obrigados a influenciar para possibilitar a mudança.

COMPLEXIDADE EXIGE QI

Corporações globais complexas não são uma proposta uniforme. Elas contêm uma série de *stakeholders*, muitas vezes concorrentes. Se você é um gerente geral (GG) alocado na Ásia, por que você deveria ter alguma compreensão ou simpatia por seus colegas na América do Norte que operam em um mercado maduro e saturado? E se uma equipe executiva em Chicago estiver conduzindo uma percepção de vantagem competitiva que tem pouca relevância na China?

Em todas as organizações, temos nos perguntado o quão diferente seria se eles tivessem uma equipe de gerenciamento sênior que se relacionasse bem entre si e com as operações da empresa em outras partes do mundo. O QI é um grande elemento para alcançar isso. Quando há um desalinhamento entre noções de valor e vantagens competitivas, o QI reconcilia as diferenças.

Olhe para o papel dos GGs. Eles estão continuamente tentando conciliar lógicas contrastantes. Esse é o trabalho. Muitas vezes, a gerência geral fica paralisada por não desempenhar um papel no pensamento estratégico e na criação, e ainda assim ser responsável pela implementação da estratégia. Na verdade, eles estão presos entre as exigências da alta administração e de ter que justificar suas ações aos clientes e gerentes médios. A situação dos GGs é ainda mais difícil quando eles discordam da estratégia que é empurrada de cima para baixo e depois têm que garantir que os gerentes intermediários sigam um plano com o qual poucos concordam. É essa tensão que faz dos GGs o verdadeiro barômetro da organização. Graças à sua proximidade com o mercado, eles sabem quais estratégias funcionarão ou não. Além disso, devido à experiência, a maioria é bem versada na elaboração de estratégias significativas. O que é preocupante é como poucos gestores da alta administração consultam os seus GGs sobre a viabilidade das estratégias que estão sendo consideradas ou executadas.

O que temos observado é que as organizações baseadas na missão são muito melhores do que organizações baseadas na visão. Isso faz sentido. Os líderes baseados na missão (entrega de valor) estão interessados no que pode ser entregue e mais inclinados a ouvir e consultar as pessoas responsáveis por fazer com que a estratégia funcione na prática. Eles tendem a estar mais abertos a pensar sobre a complexidade, levando em conta as evidências para o planejamento da estratégia, estruturas organizacionais, terceirizações e assim por diante. Líderes baseados na visão, que buscam uma proposta de valor, estão menos inclinados a se envolver com os gerentes que entregam ou implementam a estratégia, acreditando que a visão é mais importante do que a execução.

Em 2004, o GG de um conhecido banco americano, nascido na Turquia, previu com precisão a crise financeira global, que acabou se desenrolando diante de olhos incrédulos quatro anos mais tarde. Ele discutiu com o CEO sobre como uma mudança de estratégia poderia minimizar possíveis danos futuros. "Eu disse a ele que perderíamos aproximadamente dois bilhões de dólares e, como expliquei mais tarde, perdemos." O argumento foi bem construído e persuasivo. Aliás, foi excessivamente persuasivo.

Ele explicou ao CEO como reorganizar os ativos do banco e apresentar um novo conjunto de ofertas ao mercado. O CEO, também presidente do conselho, fez uma consultoria com o líder independente do conselho diretor. Este, um ex-político (na verdade, um ex-secretário de Estado dos EUA), recomendou a demissão do GG. "Se ele continuar assim, nossa equipe de vendas perderá a confiança em nossos produtos", disse ele, a título de explicação.

O CEO reconheceu o perigo do GG dividir suas opiniões com os colegas, mas também disse que "precisamos do cérebro dele, porque o que diz é verdade". O CEO pediu a ele que reposicionasse alguns dos ativos do banco sem colocar em risco a estratégia atual. Foi o que ele fez, e com bastante sucesso.

Em 2008, o banco perdeu na crise financeira global, mas suas perdas foram medidas em centenas de milhões em vez de bilhões de dólares. Os gerentes seniores reconheceram que, sem o GG turco, o banco poderia ter falido. Hoje, o GG é vice-presidente executivo sênior, um membro da equipe de altos executivos. A sua mente aguçada e analítica é profundamente respeitada.

PENSE EM EQUIPE

No nível dos altos executivos, a complexidade se torna muito maior e, assim, a requisição do QI atinge o seu ponto máximo de demanda. Para aumentar a complicação, altos executivos tendem a não se comportar como equipe. A administração de uma organização é o ponto de encontro de interesses diferentes e, por vezes, conflituosos. E eles precisam ser negociados e alinhados.

Tipicamente, a natureza da vantagem competitiva da organização é determinada pelo nível dos altos executivos. Isso é fácil de dizer, mas não de fazer. Para uma corporação internacional, de multiproduto ou multi-serviço, diferentes noções de vantagem competitiva podem ser defendidas por diferentes membros executivos. Como discutimos, o que é vantagem competitiva para a China pode ser algo muito diferente na América do Sul, inclusive para a mesma gama de produtos. A perspectiva do centro corporativo de vantagem competitiva também pode ser diferente ao considerar os valores fundamentais e a reputação da organização.

Para a John Lewis Partnership, no Reino Unido, o serviço é fundamental para a sua vantagem competitiva. Para a empresa americana Caterpillar, é a qualidade. Essas duas organizações têm refletido e dado muita atenção às suas missões de serviço e qualidade e fizeram com que essas missões fossem significativas para aqueles que estão dentro da empresa e para os vários *stakeholders* externos. A maioria das empresas não pode ostentar tal clareza e profundidade de identificação no planejamento e execução de sua vantagem competitiva. De fato, nossa pesquisa mostra que mais de 34% das corporações do mundo não têm uma visão compartilhada sobre estratégia, visão ou missão. Ou seja, mais de um terço das empresas deveriam parar para pensar a respeito disso.

Essas organizações são atormentadas por colegas que insistem em sua própria perspectiva de vantagem competitiva em detrimento das visões dos outros, resultando em disputas internas e prejuízos sérios à empresa. Essa exposição às ameaças de danos à reputação e conflitos morais se torna ainda maior caso tais tensões venham à público. Tudo isso ocorre enquanto ainda impulsionam os negócios, mostrando que os desafios do QI estão maiores do que nunca.

ESTRATÉGIA E QI

A criação e execução de uma estratégia, qualquer estratégia, requer um QI da mais alta ordem. A sobrevivência, prosperidade e crescimento de qualquer organização dependem da qualidade e viabilidade da estratégia que ela está buscando. Quase inevitavelmente, o declínio a longo prazo pode ser atribuído diretamente a estratégias mal desenvolvidas ou, mais provavelmente, a estratégias inteligentes, mal executadas.

É difícil desenvolver estratégias consistentes, relevantes e abrangentes devido às seguintes razões:

1. Vários fatores devem ser considerados, incluindo mudanças na tecnologia, demandas de mercado, ações dos concorrentes, custos, política mundial e tensão social. Os gerentes precisam ter informações suficientes e um QI alto para lidar com cada um desses fatores e fundi-los em um plano geral.
2. Há desafios para a implementação da estratégia. Não importa quão bem pensados e valiosos sejam os planos de uma pessoa, a aplicação exige competências e abordagens específicas para garantir o êxito. Pela sua própria natureza, os planos estratégicos perturbam o *status quo*, a menos que haja uma intenção deliberada de manter as condições atuais. Novas estratégias podem exigir uma reorganização das estruturas e sistemas de gestão, o que significa que pessoas com determinadas competências ou experiências já não serão mais necessárias, abrindo caminho para novas pessoas com novas ideias. Portanto, na implementação de uma estratégia, é comum haver resistência — sobram disputas, conflitos e desacordos, e a incerteza sobre o futuro aumenta. Para que a organização progrida, esse processo deve ser tratado com sensibilidade.

Todas as organizações buscam algum tipo de estratégia. As pessoas que têm poder de decisão farão escolhas, agirão em caso de contingência e considerarão os desenvolvimentos no ambiente externo antes de tomar decisões. Para que essas escolhas, ações e entendimentos formem uma estratégia sensata, é necessário considerar três pontos-chave:

1. Fatores que influenciam a estratégia;
2. Elementos-chave da estratégia;
3. Abordagens para a formulação da estratégia;

A combinação desses três fatores determina se a estratégia gerada será adequada ou não.

Para implementar qualquer estratégia com sucesso, os gestores devem enfrentar três problemas cruciais:

1. A estratégia é viável? A realidade do que funciona na organização e a sua relevância para os mercados foram levados em conta?
2. A organização pode recorrer aos meios necessários para a implementação eficaz da estratégia?
3. As pessoas-chave da organização apoiarão as estratégias?

A questão dos recursos é relativamente fácil de resolver (em teoria). Os recursos podem ser adquiridos através da contratação de novos trabalhadores, compra de equipamento, aquisição de um concorrente, pedido de financiamento ou empréstimo bancário. A decisão dependerá das tendências do mercado e da indústria, e também das expectativas para o desempenho futuro da organização no mercado. Desta forma, os processos de criação e implementação da estratégia, apesar de distintos, são inseparáveis.

Se as estratégias realmente têm o apoio de pessoas-chave na organização, é uma preocupação totalmente diferente. Na realidade, isso é frequentemente ignorado, porque o processo de implementação é, pela sua própria natureza, político. As interações políticas ocorrem, em grande parte, devido às várias diferenças e atritos presentes em qualquer organização. São comuns o conflito entre as crenças, valores e atitudes de um determinado indivíduo; o atrito entre departamentos; e a falta de compreensão entre superiores e subordinados.

Como consequência, algumas pessoas da organização podem concordar com as estratégias na teoria, mas as consideram impraticáveis. Outros podem não apoiar as novas estratégias por estarem interessados em manter o *status quo*, ou podem achar difícil se identificar com as pessoas que criaram as estratégias e, assim, fazer oposição por motivos pessoais. Além disso, alguns podem sentir que existe uma razão oculta para que uma determinada estratégia tenha sido definida. Embora a própria estratégia possa parecer razoável, os fundamentos da sua proposta podem levar a um sentimento de desconfiança. O resultado pode ser pouco ou nenhum apoio, ou mesmo oposição, às estratégias propostas.

Os arranjos em torno da estratégia nos lembraram de quando nos deparamos com uma empresa farmacêutica europeia que pretendia estabelecer uma estrutura de preços uniforme para a sua gama de produtos em toda a Europa. O desafio foi o Leste Europeu, onde os preços de mercado refletiam naturalmente as taxas do mercado local. Os empreendedores intermediários compraram ações do Leste Europeu, muitas vezes sob nomes de empresas fictícias registradas na região. Esses produtos foram, então, vendidos em toda a Europa a uma taxa ligeiramente inferior à do mercado, mas com um lucro substancial. O CEO reuniu os seus GGs, sabendo da oposição deles ao preço uniforme. Cada um precisava atingir as próprias metas — e isso era algo que a uniformização dos preços iria minar.

O CEO argumentou, salientando a importância de uma cotação estável das ações e a reputação da empresa. Ele também observou que a prática atual era insustentável, pois deixava a empresa vulnerável à aquisição. Tudo isso era lógico e inegavelmente verdadeiro, mas, apesar disso, a oposição à reforma dos preços continuou. "O argumento a favor de um preço uniforme é que precisamos de uma lógica para esta empresa. No entanto, onde está a lealdade de vocês? Com o centro e todo o negócio ou apenas com as suas partes da empresa? Se estivessem no meu lugar, o que fariam? Temos uma responsabilidade não só com os nossos acionistas, mas também com os nossos próprios colaboradores, consumidores e clientes. Somos os líderes desta empresa. É nossa responsabilidade conjunta prover um futuro estável! Para isso, cada um de nós deve fazer um sacrifício", disse o CEO aos GGs.

A lógica da lealdade à empresa, o sacrifício necessário e a abordagem uniforme em todos os mercados ganharam o dia.

É importante reconhecer que a implementação da estratégia envolve um comportamento aberto e, em alguns casos, encoberto — às vezes compartilhando as intenções de alguém e outras não revelando seus verdadeiros objetivos. Se a lógica prevalecente apresentar uma falha, o grau de comportamento encoberto aumenta consideravelmente.

Uma vez feitos os planos para o futuro e, depois de introduzidos os projetos-piloto e feitas as correções à estratégia básica, as pessoas devem recuperar o atraso. Os indivíduos, especialmente os que ocupam posições operacionais importantes, precisam dispor de tempo para se acostumarem com as novas estratégias. É preciso se habituar às novas formas de fazer as coisas. O treino requer tempo. Muitos funcionários e gerências intermediárias precisarão desenvolver diferentes competências no local de trabalho. Acima de tudo, eles precisam se envolver na implementação de qualquer nova estratégia para que se comprometam a fazer com que ela funcione. Quanto mais substanciais forem as mudanças, maior será a quantidade de tempo necessário para que as pessoas se habituem à implementação efetiva da estratégia e trabalhem nesse sentido. No entanto, nada disso seria possível sem um argumento convincente delineando as bases do apelo à mudança.

A estratégia deve levar em conta a projeção das influências externas, tais como: imagem da empresa, fontes e disponibilidade de recursos; hábitos de consumo; tendências de mercado; custos materiais; preços e disponibilidade de fontes de energia; legislação; e política internacional. A estratégia que foi pensada de forma clara atua como um processo unificador, esclarecendo o que é ou não viável em qualquer situação específica. Talvez a razão pela qual tão poucas organizações consigam atingir tal nível de realização estratégica pode ser atribuída à falta de poder cerebral direcionado ao problema. A estratégia desenvolvida e executada com QI é uma força poderosa.

ESTRUTURA E QI

O QI necessário para apresentar um argumento convincente sobre a estratégia de uma organização e como as demandas contrastantes podem ser sintetizadas é a primeira consideração necessária. Como estruturar a organização para que a estratégia possa ser efetivamente executada é a segunda.

Todas as organizações operam sob algum tipo de estrutura. Consumidores ou clientes que lidam com uma organização encontram estrutura quando selecionam mercadorias para comprar ou quando solicitam um serviço que atenda às suas necessidades. Eles podem ser atendidos por um funcionário operacional, consultar um segundo que consiga satisfazer melhor suas necessidades e, possivelmente ser cobrados pelo serviço por um terceiro.

O importante para a organização é que sua estrutura permita que ela aproveite os recursos para alcançar os objetivos. Além disso, a estrutura precisa ter um impacto positivo nas atitudes e no desempenho das pessoas da organização. A estrutura precisa acrescentar valor.

Inevitavelmente, estruturas significam hierarquia de papéis. Aquele que presta um serviço ao público é gerido com qualidade pelo chefe, que, por sua vez, tem um chefe; e este deve se reportar a quem quer que esteja dirigindo a organização. A aplicação e manutenção de uma determinada hierarquia de papéis irá induzir opiniões, sentimentos e atitudes específicas entre as pessoas empregadas pela organização.

Uma hierarquia alta com extensões limitadas de controle gerencial vai incitar um tipo de liderança formal e controladora no relacionamento entre os gerentes e seus subordinados. Muitos funcionários podem sentir que, na maioria dos empregos, os graus de desafio e de responsabilidade são limitados, pois as pessoas só precisam fazer o que lhes é exigido. No entanto, para aqueles que acham essa cultura aceitável, é provável que o grau de identificação com a organização seja alto. As pessoas seguem as regras e sistemas existentes e podem, genuinamente, direcionar sua lealdade para a organização, ao invés de direcioná-la para o grupo ou os indivíduos. A questão é: qual é a lógica da estrutura e como isso se adequa à estratégia adotada?

Sendo a estrutura algo tão importante, surpreende o fato de poucos gerentes conseguirem identificar prontamente a gama de estruturas disponíveis para eles. Então, façamos uma pergunta: "Quantas formas estruturais existem?" Quais são as possibilidades estruturais?

A empresa de consultoria Urwick Orr, criada logo após a Segunda Guerra Mundial, tornou-se a principal especialista em estruturas do seu tempo e, pelo menos na Europa, desafiou a predominância da McKinsey. Urwick Orr identificou quatro alternativas estruturais: funcional, de produto, divisional e de matriz.

Em uma estrutura funcional, todas as funções-chave — marketing, vendas, produção, recursos humanos — são agrupadas em departamentos separados, e cada uma dessas funções é representada nos níveis de tomada de decisão estratégica. As funções executam o negócio.

Uma organização estruturada pelos produtos posiciona os resultados — produtos ou serviços — como o foco principal. Isso significa que cada linha de produto principal forma uma ramificação na hierarquia da árvore organizacional, com um diretor ou GG no topo. Cada filial possui todos os principais serviços funcionais para sustentar essa linha de produtos. É provável que ocorra uma duplicação de serviços funcionais, o que aumenta os custos.

Uma estrutura divisional envolve a partição da empresa em unidades separadas, em que cada uma delas fornece um serviço total aos clientes de acordo com a sua finalidade, missão e gama de produtos ou serviços. Cada divisão é chefiada por um diretor, ou diretor-executivo e, por baixo de cada divisão, adota-se uma estrutura funcional, de produto ou de matriz. Tudo depende do propósito. Essa estrutura é a mais adequada para organizações maiores.

A estrutura matricial é um meio de integrar as funções de suporte e de linha, a fim de que as tarefas e a capacidade de resposta do mercado se tornem uma só. Ou pelo menos esta é a teoria. As estruturas matriciais foram popularizadas pela Administração Nacional da Aeronáutica e do Espaço (NASA) como a melhor maneira de se ter uma série de diferentes agências e empresas reunidas para fornecer um serviço integrado e sem falhas, com o objetivo de levar o homem à Lua. O conceito de relações diretas (a quem você se reporta e quem você precisa consultar) foi considerado a forma de organizar a complexidade em instituições grandes e diversas.

No entanto, a realidade é um pouco diferente — e pode fazer com que o pouso de um homem na Lua pareça simples. Na prática, uma forma matricial de atuação está mais preocupada com as atitudes das gerências média e sênior em relação à organização e ao seu propósito. Se as gerências média e sênior não quiserem gerir o seu trabalho e as relações internas de uma forma mais flexível e responsiva, mas estiverem orientadas para o papel e para o status, então a estrutura matricial irá falhar e resultará num comportamento político indesejado.

A clara delimitação das estruturas é um fenômeno do passado. Poucas organizações são essencialmente funcionais ou estruturadas pelo produto, a menos que sejam pequenas e não muito complexas. Uma exceção seria a Rolls Royce Aero Engines, na qual o foco reside na capacidade de fornecer motores de alta qualidade para o mercado. Na verdade, a maioria das entidades, mesmo no governo e no terceiro setor, é uma mistura de estruturas divisionais e matriciais, sustentadas por subestruturas funcionais e de produto.

Estruturar organizações é uma tarefa particularmente exigente. É ela que pode desenvolver ou destruir a carreira de qualquer gerente sênior. Quantos gerentes já participaram de reuniões delineando o futuro da organização e como ela deveria ser estruturada? Para a equipe e a gerência, uma certa agitação percorre a sala. Reestruturação significa mudanças de papéis e possíveis perdas de postos de trabalho. Equivale a incerteza e quase sempre gera uma combinação de medo e ceticismo.

O design estrutural é um dos mais exigentes desafios de QI enfrentados pelos líderes organizacionais. É preciso pensar sobre o design geral e detalhes minuciosos. O teste decisivo é a reação da gerência média, que tem a tarefa de operacionalizar a estrutura, enquanto ainda cumpre seus objetivos. Visão clara e detalhada a respeito da implementação são os requisitos básicos para a inovação estrutural. Não é de se admirar que tantas carreiras tenham descarrilhado devido a uma falha, ou falha percebida, na crença naquilo que uma estrutura é capaz de fazer.

Ainda há um terceiro elemento. O projeto estrutural adequado precisa estar acompanhado pela atenção aos sistemas de informação que unem os vários elementos da organização.

QI E SISTEMAS DE INFORMAÇÃO

Estratégia e estrutura representam formidáveis desafios intelectuais e práticos. Há mais, muito mais. Para que qualquer organização tenha êxito, é preciso assegurar que as atividades dos seus departamentos, unidades e divisões sejam bem coordenadas através do desenvolvimento e utilização de um sistema de informação de gestão (SIG). O SIG é o principal determinante da estrutura organizacional, especialmente porque o seu principal objetivo é melhorar a qualidade da tomada de decisões, da resolução de problemas, da rápida transmissão de informação relativa aos clientes e da captação precisa de informação financeira.

Um SIG bem pensado é o mecanismo de ligação da empresa, especialmente nas organizações diversas e complexas de nossos tempos. Mas, se você acertar, as recompensas serão enormes:

1. **Melhoria do planeamento a longo prazo.** Em uma organização do setor privado, os dados para o planejamento de longo prazo tornam-se mais acessíveis. Os dados de vendas, por exemplo, podem ser decompostos por cada área geográfica ou pelo tempo necessário para a venda de uma gama de produtos. Nas organizações de serviço público, os dados necessários para o planejamento futuro podem ser mais difíceis de definir, mas, mesmo no campo do trabalho social, foram feitas tentativas corajosas para desenvolver sistemas de registro e revisão, que fornecem informações importantes sobre as atividades dos assistentes sociais. Esse detalhe pode ser facilmente utilizado pelos gerentes seniores para o planejamento de longo prazo.

2. **Controle gerencial aprimorado.** A rapidez no fornecimento de informações é tão importante quanto a exatidão delas. O principal problema de qualquer organização é que a informação que a gerência precisa de maneira tão urgente não é rapidamente entregue pelos que operam mais abaixo na organização. Um SIG eficiente fornece à gerência os pormenores de que necessita e é considerado útil pelos inferiores na hierarquia, ao invés de parecer mais uma interferência.

3. **Redução do conflito.** Um sistema de informação que una as partes discordantes provavelmente conseguirá reduzir as chances de uma potencial disputa entre grupos. Em primeiro lugar, todos os *stakeholders* saberão o que é exigido deles e o porquê. Em segundo, os indivíduos podem planejar a sua carga de trabalho, porque sabem que tipo de informação precisam recolher e encaminhar para as repartições superiores. Uma frustração preocupante para muitos é que pessoas de todos os níveis da hierarquia podem pedir que forneçam ou encontrem informações sem qualquer aviso prévio. Ainda pior é ter que responder continuamente às demandas por informações, já que a maioria acredita ser irrelevante, e um desperdício de tempo, compilar esses dados. Às vezes, eles não sabem por onde começar a pesquisar ou por que a informação é necessária. Trabalhando à luz de um sistema de informação compartilhado os níveis de frustração se reduzirão.

4. **Mais motivação.** As pessoas que sabem o que é esperado delas conseguem se planejar para eventos futuros e saber que há um propósito naquilo que estão fazendo. Os funcionários são motivados a trabalhar dentro de limites específicos, onde têm mais certeza de sua posição. Quanto mais as pessoas souberem o que lhes é exigido, menor será a necessidade supervisão contínua.

Em uma organização pequena, que emprega um número pequeno de pessoas, há menos necessidade de organizar formalmente os papéis e relacionamentos das pessoas. Os indivíduos irão conduzir seus negócios uns com os outros face a face, especialmente quando se trata da delegação de tarefas. Da mesma forma, o processo de controle de qualidade é personalizado, pois os indivíduos estão propensos a elogiar ou criticar o desempenho uns dos outros à medida que a ocasião surge.

Como discutimos, os gerentes continuam utilizando o alto QI para redesenhar a estrutura de seu grupo, seção, departamento, divisão ou organização. Os organogramas podem ser formulados e reformulados, enquanto as áreas individuais de responsabilidade e autoridade são frequentemente redefinidas e os orçamentos para pessoal e equipamentos adicionais são geralmente submetidos a um escrutínio constante. Dessa forma, os gestores da organização são capazes de argumentar a favor do desenvolvimento contínuo de seu estabelecimento. Os argumentos e pontos de vista podem ser muitos e variados, e, às vezes, se contrapor diretamente uns com os outros. No entanto, é necessário que haja alguma forma de coesão.

Na verdade, a estrutura organizacional precisa ser vista como um meio para atingir um fim. A estrutura fornece os meios básicos através dos quais as estratégias e objetivos principais são alcançados. Como um dos objetivos-chave da estrutura é atuar como um veículo de implementação da estratégia da organização, é vital que qualquer análise englobe um briefing amplo.

É um desperdício de tempo, dinheiro e energia gerar uma estratégia simplesmente inoperável dentro da estrutura existente da organização e que, ainda assim, seja implementada sem qualquer mudança estrutural. No entanto, se as mudanças de estrutura forem contempladas, então será necessário avaliar o provável sucesso da mudança de forma realista. Uma mudança estrutural bem-sucedida envolve uma análise que vai além dos limites estreitos da hierarquia de funções.

QI E *SOURCING*

Um outro componente estrutural mais recente é a terceirização. Por que fazer tudo internamente quando se pode contratar especialistas para determinadas atividades? Embora a terceirização tenha recebido muita atenção, ela é apenas um componente do *sourcing*. As atividades podem ser terceirizadas e retomadas, e ambas estão de acordo com a estratégia que está sendo seguida, por isso o termo "*sourcing* inteligente". O executivo inteligente é aquele que sabe quando terceirizar e é capaz de agir de acordo com esse julgamento.

Sourcing inteligente é outro desafio de QI. O que está sendo comprado ou vendido este ano pode não ser o mesmo no ano seguinte. Atualmente, esse é um componente importante da vantagem competitiva. Um benefício crítico da terceirização é a redução de custos. Usar a terceirização para efeitos de economias de escala pode, também, aumentar a eficiência interna. Pesquisas mostram que a terceirização consegue mudar estrategicamente uma organização, auxiliando a administração a analisar até que ponto a empresa se diferencia de seus concorrentes e, a partir daí, elaborar uma clara identidade de valor.

Como resultado, os recursos são reposicionados de forma a contribuir para a conquista de metas e objetivos específicos.

Diferenciar a empresa da concorrência é cada vez mais necessário, uma vez que os consumidores e *stakeholders* desviarão sua atenção e lealdade caso, aos seus olhos, não haja uma boa relação custo-benefício. É o adequado posicionamento ou *sourcing* de recursos que proporciona à empresa os meios para satisfazer as exigências dos consumidores em termos de qualidade e preço, e as demandas dos *stakeholders* por rentabilidade e crescimento contínuos.

Convém notar que a terceirização não é um fenômeno novo. Os romanos terceirizaram a cobrança de impostos. Na Inglaterra dos séculos XVIII e XIX, os serviços públicos de iluminação, gestão prisional, manutenção de estradas, cobrança de impostos, coleta de lixo e outras receitas públicas foram terceirizados para o setor privado através de contratos com as autoridades locais. Durante o mesmo período, já existiam acordos semelhantes nos Estados Unidos e na Austrália, onde empresas privadas prestavam serviços de correios, e, na França, a construção e gestão da rede ferroviária e de outras instalações de distribuição eram terceirizadas para empresas comerciais através de concursos públicos.

As coisas mudaram no início do século xx. A produção baseada no volume privilegiou as empresas grandes e verticalmente integradas, em oposição à miríade de organizações menores que forneciam serviços de base contratual em nome do governo. Essa evolução inverteu a tendência para a terceirização.

Ironicamente, os mesmos fatores que levaram ao afastamento da terceirização favoreceram seu ressurgimento nos últimos quinze anos. Já não é rentável que serviços especializados sejam prestados internamente. Ganha-se mais benefício profissional e econômico ao liberar tais recursos no mercado para se defenderem sozinhos. Nessa base, os provedores externos passam a ter a oportunidade de prestar serviços em uma escala que muitas organizações individuais teriam dificuldade em igualar.

Acompanhar essas mudanças de estrutura organizacional tem sido uma mudança de mentalidade, desde a gestão até a liderança. A percepção de que o poder relativo dentro das organizações é simbolizado pelo tamanho do orçamento e pelo número de funcionários dentro do domínio de um gestor foi substituída pela preocupação com questões como rentabilidade, serviço, controle de custos e aumento de valor. Os gerentes estão mais focados em gerir organizações enxutas do que grandes impérios. Gerenciar os processos organizacionais internos está dando lugar ao alcance das metas e à demonstração de valor.

O impacto da terceirização na organização contratante varia de uma empresa para outra, indo desde a identificação e aplicação de soluções táticas para problemas práticos, passando pela contratação de serviços auxiliares de rotina, até o esclarecimento da direção estratégica que precisa ser seguida pela organização. Integrar esta variedade de iniciativas, desde a tática até a estratégica, de forma a atender às necessidades da empresa contratante, sendo contextualmente sensível e economicamente viável, requer alto QI e, como mencionado anteriormente, tomadas de decisão inteligentes.

Uma empresa inteligente antecipa os desafios associados ao *sourcing* das suas atividades e minimiza o desconforto dos seus colaboradores. A experiência sugere que é impossível evitar alguma queda na moral dos funcionários quando uma empresa faz um anúncio de terceirização, mas é possível evitar efeitos negativos a longo prazo. E isso vai depender tanto dos acordos de RH, que podem definir se a iniciativa de terceirização será bem sucedida ou não, quanto do envolvimento do conselho no exercício de terceirização. Pesquisas mostram que a maioria dos conselhos não está em contato com o *sourcing* de sua organização e, portanto, não fazem perguntas relevantes sobre esse importante componente da vantagem competitiva. Esse aprovisionamento, que poderia proporcionar uma vantagem competitiva distinta, é, muitas vezes, tratado como uma alavanca operacional e não estratégica.

Em contrapartida, as empresas bem-sucedidas do setor privado e público fazem seu *sourcing* de forma inteligente, de modo a garantir a economia de escala, ao mesmo tempo em que melhoram a qualidade do serviço. Isso se dá através de uma parceria dinâmica e orientada para o desempenho, com fornecedores em diferentes redes competitivas a fim de alcançar os melhores resultados. Um *sourcing* inteligente envolve o gerenciamento da matriz de terceirização, contratos e acordos que ajudem a empresa a se concentrar na conquista dos seus objetivos estratégicos e operacionais.

GOVERNANÇA E QI

Estratégia, estrutura, sistemas de informação e *sourcing* fornecem desafios consideráveis. Entendê-los e implementá-los com sucesso requer QI da mais alta qualidade. A última fronteira do QI para líderes em organizações de todos os tipos é a governança.

A governança está presente em vários aspectos de nossa vida. A forma como devemos nos comportar em trens, táxis, parques, lojas e restaurantes é claramente indicada nos sinais que dizem: "Não fume", "Não pise na grama", "Respeite os outros clientes" e "Faça silêncio". Com efeito, a governança é, simultaneamente, um conjunto de protocolos que moldam o comportamento desejável e a supervisão que assegura que esses protocolos sejam cumpridos e respeitados.

Em nenhum lugar isso é mais verdadeiro do que nas corporações, agências governamentais ou organizações não-governamentais (ONGs). O guardião da governança é o conselho, composto principalmente por diretores não-executivos (diretores em meio período), que também pode ser composto pelo CEO e o diretor financeiro/chefe financeiro (CFO). Os deveres outorgados pelo conselho estão aumentando. Os diretores do conselho de administração têm a mesma exposição e responsabilidade jurídica que os diretores executivos, aqueles que trabalham em tempo integral. Logo, são responsáveis por todos os aspectos do funcionamento da organização, pela determinação e execução da estratégia, pela avaliação do risco e pela defesa da reputação.

Na teoria, a influência do conselho é generalizada. Na prática, os conselhos de administração são repetidamente acusados de não entregarem valor. Por quê? Por muitas razões, uma delas é porque muitos diretores não-executivos (DNEs) ocupam cargos em diferentes conselhos e, por conseguinte, não conseguem dedicar tempo suficiente à supervisão. A outra é porque os DNEs são frequentemente vistos como "fora de alcance".

Pesquisas indicam que três ou quatro cargos em conselhos são o número máximo que qualquer indivíduo consegue manter com sucesso enquanto lida com os desafios importantes, e muitas vezes ocultos, que as organizações enfrentam. Na prática, são exercidos muito mais cargos. Por exemplo, as estatísticas mais recentes indicam que manter treze cargos de diretoria simultaneamente nos Estados Unidos e catorze na África do Sul não é algo incomum. A rotina de muitos desses não-executivos sobrecarregados consiste em assistir às reuniões do conselho (na realidade, tratadas como reuniões de comitê), olhar para os papéis dispostos na frente deles, debater, tomar algumas decisões e depois ir embora. Não é de se admirar o fato de os diretores do conselho serem considerados pessoas tão fora de alcance pelo resto da empresa. As decisões são tomadas em uma bolha.

As empresas australianas e, mais recentemente, as empresas FTSE100, são a exceção, nelas os DNES que possuem um portfólio de mais de três ou quatro diretorias são pressionados a abandonar diretorias adicionais antes de ingressar em um novo conselho.

Como hoje a governança é tão invasiva, é preciso pensar muito sobre o escrutínio da estratégia e do projeto estrutural e seus efeitos, a fim de obter vantagem competitiva e garantir a viabilidade da empresa. A boa governança determina os riscos de forma precisa, defende a reputação e cria as bases para a sustentabilidade. No entanto, em nossa pesquisa com conselhos do Reino Unido (de FTSE100 a 350), os gerentes admitiram ter ganhado pouco valor com seu conselho. As críticas mais comuns foram não pensar no que pode funcionar e não dar atenção suficiente para o aprendizado sobre a organização.

Graças às complexidades envolvidas, é virtualmente impossível para qualquer DNE entender completamente os detalhes do que está acontecendo na organização como um todo. Independente disso, a exigência de governança corporativa e de transparência na tomada de decisões está aumentando. Os conselhos tornaram-se alvos fáceis, devido ao poder que exercem e seus impactos reais ou imaginários sobre economias inteiras.

O resultado disto é que os presidentes e os DNES estão ficando preocupados — e com razão — com as suas responsabilidades profissionais e jurídicas, bem como com as suas responsabilidades morais. O apetite deles pelos riscos é progressivamente reduzido pela probabilidade de cometerem erros graves que podem resultar na demissão de milhares de pessoas, ou mesmo no fracasso de uma organização.

Isso está fazendo com que alguns conselhos apoiem os CEOS, sem necessariamente abordar ou tomar alguma atitude com relação à experiência ou instinto sobre as informações colocadas na frente deles. Além disso, devido à falta de percepção sobre como a organização realmente funciona, os membros do conselho têm dificuldade para lidar com os dados que são fornecidos pela gerência. A falta de tempo para obter os conhecimentos necessários impede que os DNES desafiem seus pares em questões fundamentais.

As duas perguntas fundamentais, tanto para os membros existentes do conselho quanto para os aspirantes, são: "Eles realmente entendem a vantagem competitiva de sua organização? E como ela deve ser posicionada?" Deve ser dada uma atenção especial à forma como os membros do conselho de administração interpretam e executam a governança, permitindo que a empresa tenha um desempenho mais eficaz, enquanto mantém, simultaneamente, posições éticas e morais fundamentadas no mercado.

Por exemplo, em uma aquisição futura, qual é a possível exposição financeira e quais são os riscos para a reputação da empresa? Há mais alvos maleáveis disponíveis? Em uma fusão ou aquisição abrangente, o valor do *stakeholder* será prejudicado pela promessa de ganhos substanciais?

Devido à pressão do tempo ou à relutância em serem responsabilizadas, as principais influências da mentoria baseada no QI que deveriam ser ofertadas em uma sala de reunião — apoio, administração e liderança — estão se tornando cada vez mais negligentes a este respeito. A consequência dessa falta de responsabilização é que são os gestores, e não os diretores dos conselhos de administração, que enfrentam a culpa quando as coisas dão errado.

SEGUINDO EM FRENTE

Então, o que pode ser feito para enfrentar esses obstáculos aparentemente intransponíveis, e como os conselhos devem avançar para alcançar seu propósito organizacional?

Mais do que qualquer outra coisa, os DNEs precisam ser claros sobre o seu propósito. Para realmente agregar valor a uma organização, eles devem entender que o envolvimento com as equipes de gestão e com a força de trabalho é vital e só pode ser alcançado por meio de um diálogo contínuo e honesto com um grande número de *stakeholders*. Isto exige que eles pensem seriamente sobre o seu papel e se são capazes de contribuir significativamente em cada um dos conselhos de que participam. Cada conselho precisa ser tratado de maneira individual para que um DNE consiga dar forma ao propósito e entregar valor real.

O presidente é a figura central desse esquema. Para que o conselho possa fazer contribuições significativas, o presidente precisa:

- definir o tom ético para o conselho de administração e a empresa;
- no conselho, identificar e participar da seleção dos membros e supervisionar o plano de sucessão;
- identificar e selecionar o CEO e supervisionar o plano de sucessão de todos os cargos de direção sênior;
- formular o plano de trabalho anual do conselho, do CEO e de certos diretores seniores;
- gerenciar os conflitos de interesses;
- assegurar que os diretores desempenhem um papel pleno e construtivo nos assuntos da empresa;
- monitorar a forma como o conselho trabalha em conjunto;
- tutorear e administrar a gestão através de desafios;
- assegurar que as boas relações entre os principais acionistas e os *stakeholders* estratégicos sejam mantidas;
- avaliar o futuro da empresa e definir os objetivos dos *stakeholders*, colaboradores e consumidores/ clientes;
- analisar a defesa da reputação; e
- avaliar e minimizar o risco.

Essa lista não é exaustiva, mas se torna particularmente relevante quando comparada à nossa pesquisa com empresas líderes do

Financial Times Stock Exchange (FTSE), responsável por identificar muitos conselhos que estão significativamente desvinculados de suas empresas e lutando para responder às rápidas mudanças do mercado. Esse ponto é evidenciado pelas nossas pesquisas, que mostraram que mais de 80% dos membros do conselho simplesmente não sabem ou não têm uma visão compartilhada sobre a vantagem competitiva de sua empresa.

Em última análise, os conselhos de administração precisam lidar com conjuntos particulares de circunstâncias, independentemente do grau de governança processual aplicado. No entanto, eles geram mudanças positivas ao participarem da sucessão do conselho e do recrutamento dos DNEs. Os critérios de seleção para os não-executivos são sistematicamente pouco claros e os conselhos devem se libertar de uma "mania de indicação" debilitante ao realizarem novas nomeações. Um headhunter sênior admitiu para nós, em particular, que 80% das nomeações para os conselhos em Londres são predeterminadas pelo presidente e/ ou o CEO. Em Nova Iorque, essa taxa sobre para 90%.

QI TOTAL

Enfim, QI é o único componente dos 5Qs que se mantém consistente em qualquer trabalho que você venha a ter, independentemente do nível de gerenciamento.

O argumento para utilizar o QI face à complexidade é muito simples e foi repetido ao longo deste capítulo: vantagem competitiva. No setor privado, é fundamental alcançar uma visão comum sobre a vantagem competitiva. Nas ONGs e no setor público, a principal consideração é a entrega de valor, ou seja, a satisfação das necessidades do cidadão/ comunidade. O ponto de chegada dos setores público e privado é o valor entregue e a pessoa a quem ele se direciona.

A vantagem competitiva tem sido tradicionalmente definida de cima para baixo e pode ser testemunhada quando o conselho se depara com problemas repetidos ou fica paralisado porque a gerências geral e média têm que implementar uma estratégia desconectada e não testada.

Organizações mais inteligentes trabalham as coisas da forma oposta, construindo seu modelo de vantagem competitiva de baixo para cima. Assim, para um fabricante de automóveis que opera a nível mundial, a realidade é que a vantagem competitiva na China será uma experiência muito diferente na Europa. Na China, a vantagem competitiva pode resultar de relações governamentais fortes e de uma capacidade de influenciar a política e lidar com a regulamentação. Na Europa, podem ser os elevados padrões de serviço ao cliente e as relações positivas com os centros de serviço pós-venda. Diferentes pontos de vista sobre a vantagem competitiva podem coexistir alegremente, mas é preciso QI para alinhar esses interesses de maneira eficaz e criar um modelo que leve em conta as pressões do mercado e as circunstâncias sociais e políticas.

Para isso, é necessário desenvolver um modelo que faça sentido para a vantagem competitiva e depois testá-lo através de outras para que, através da sua participação, todos possam acreditar nele, especialmente porque o atendimento ao cliente faz parte do trabalho de todos. Construir o serviço internamente permite que os funcionários pratiquem essa filosofia externamente. A capacidade de traduzir a vantagem competitiva em ação e dividi-la em componentes é um processo amplo, complexo, inteligente e baseado em evidências.

O QI funciona em diferentes níveis. Como mencionado anteriormente, conselhos e altos executivos são um ponto de encontro de diferentes agendas e interesses, com o conselho se preocupando mais com a governança, e a equipe de executivos com criação e execução de estratégias. Posteriormente, as equipes de gerência geral acabam ficando presas entre a negociação de interesses e a execução de tarefas e objetivos, que são funções das equipes operacionais.

Para obter vantagem competitiva, os protocolos de governança e a supervisão por meio da administração devem ser posicionados de modo a agregar valor à organização, em vez de prejudicá-la. Em primeiro lugar, é necessário realizar um debate entre o CEO e o presidente para estabelecer a maneira como o valor será entregue externamente. Isso deve ser seguido por uma conversa a fim de definir os limites entre o conselho e a gerência e como é que os dois devem funcionar. Dessa forma, a clareza sobre como ambos irão agregar valor à sua organização será nítida e apreciada.

Na prática, quantas organizações realmente operam assim em todo o mundo? De acordo com os nossos estudos, não mais do que 18%-20%. A maioria, em vez disso, opta pela abordagem tradicional de "este é o meu papel como presidente, este é o meu papel como CEO, este é o conselho de administração, estes são meu altos executivos". Isso não entrega muito em termos de valor.

Para esses 18%-20%, são feitas perguntas como "Por que fazer isso?" ou "Por que não olhar para a maneira como diferenciamos os limites de acordo com os desafios estratégicos do mercado?" O debate sobre como criar valor começa. Para o restante, a resposta pode ser "Eu nunca pensei nisso", ou "Esse é o meu trabalho como presidente, você conserta isso", ou "Eu sou CEO, não toque nisso". O que muitas vezes se demonstra é que há muita emoção em jogo, enquanto, infelizmente, o QI está em falta. É um problema genuíno ser incapaz de se afastar de seu papel para analisar o valor que você entrega, que deve ser criar uma visão única de vantagem competitiva. Se, como CEO ou presidente, você não tiver feito isso, circunstâncias desafiadoras poderão atrapalhar o QI e desencadear uma reação emocional em vez de um ponto de vista baseado nele.

Depois de chegar a um acordo sobre a vantagem competitiva da organização, a segunda questão a ser abordada é como obter valor dos papéis individuais, seja em relação ao presidente, CEO, conselho ou aos altos executivos. As diferentes responsabilidades e incumbências que precisam ser incorporadas a essas funções são importantes, porque levam a um debate sobre o exercício da vantagem competitiva e sobre quem detém a estratégia. Isso acaba com o demorado e improdutivo "Eu faço/ não, eu faço" que pode surgir de um lado para o outro.

O responsável pela estratégia é a pessoa que precisa viver com ela e recriá-la diariamente. Pesquisas enfatizam que se trata do CEO e dos altos executivos. Alguns presidentes e diretores argumentam que precisam ser os donos da estratégia para agir se algo der errado. Mas como ser o responsável pela estratégia se você só comparece à reunião do conselho uma vez por mês, ou está presente nas reuniões do subcomitê, ou vem à empresa dois dias por semana? Se algo está errado, não é necessariamente com a estratégia. O papel do conselho é analisar os problemas com a pessoa que possui essa estratégia e é responsável pela equipe de gerenciamento. A maioria dos problemas não está relacionada com a estratégia. Muitas vezes, as estratégias são bastante razoáveis, o que significa que é a pessoa que tem uma falta de compreensão da realidade situacional. Quando as coisas dão errado, normalmente é devido à má execução. O QI se torna ainda mais importante quando as pessoas não se envolvem e a gerência ignora essa resistência e continua avançando apesar disso.

Mais uma vez, a nossa pesquisa mostra que a melhor prática é que a gerência seja responsável pela estratégia e o conselho pela cultura. A responsabilidade do conselho é compreender e guiar através das possíveis falhas e armadilhas que ocorrem durante o processo de implementação da estratégia. Assim, a gerência pode executar o seu trabalho de maneira eficaz. Isso faz com que o conselho atue como administrador, o que leva a perguntas sobre como eles podem melhor negociar com a gerência e como fazer contato com a gerência de nível inferior sem prejudicar os executivos.

Como você, enquanto membro do conselho, se insere na cultura e ataca as falhas organizacionais, que todos reconhecem, mas que ninguém ousa fazer nada a respeito? Esse é um desafio fundamental do QI. Quantos conselhos realmente consideraram que eram responsáveis pela cultura e questionaram o que fazer com a responsabilidade, em vez de lutar contra a gerência para saber quem possui a estratégia ou simplesmente ceder e considerar o problema resolvido?

Os conselhos existem para proteger as organizações através da supervisão e defesa dos seus interesses. Isso significa que é preciso encontrar um equilíbrio entre o monitoramento e a adoção de procedimentos e protocolos de controle que demonstrem elevados padrões de governança e de administração, ou seja, trata-se de treinar e guiar pessoas através de paradoxos e preocupações desconfortáveis à medida em que eles vão surgindo no terreno.

A palavra "administração" significa ser capaz de mergulhar profundamente na organização e facilitar a entrega dos objetivos. Monitoramento sem administração significa governança inadequada e improdutiva.

VAI COM CALMA

Robert Swannel, presidente da Marks and Spencer, um banco de investimentos sem experiência em varejo, tem se mostrado indispensável para, juntamente com o CEO, reverter o reposicionamento global da empresa. Como é que ele, como presidente do conselho, acrescentou valor? Ele fez com que os seus DNEs se tornassem membros de "grupos de seminário" compostos por gerentes médios e funcionários. Reunindo-se regularmente, os debates podem ser amplos, mas agora os DNEs conseguem apresentar ao conselho os pontos de vista sobre suas deliberações acerca de temas cruciais e abordar as linhas de falha. Em parceria com a gerência, o DNE Swannel está equilibrando a gestão com o monitoramento. Será interessante ver como essa iniciativa irá funcionar.

Lidar com as linhas de falha, reforçar o envolvimento com os *stakeholders*, defender a reputação e instigar uma cultura de serviço é, em essência, seguir uma estratégia suave. Um elemento fundamental da vertente flexível da estratégia é a responsabilidade social das empresas (RSE), que dá prioridade aos direitos humanos e à transparência, juntamente com a promoção de produtos e a ênfase na qualidade do serviço. Agora, alguns diretores de conselho recebem um portfólio de responsabilidades para identificar especificamente os problemas de RSE que a organização e suas cadeias de suprimentos enfrentam. Levar esta informação ao conselho; discutir sobre o que pode ser feito e preparar o terreno para ter, por vezes, uma conversa desconfortável, em vez de ignorar situações difíceis e aparentemente impossíveis, são domínios do QI. Qual é o argumento convincente que encoraja as pessoas a ouvir quando não querem fazer isso?

Apesar de muitos CEOs e presidentes não desejarem entrar neste debate, as responsabilidades da corporação agora estão abertas ao escrutínio. A maneira como a RSE ou a RC (responsabilidade corporativa) se integra a estratégia corporativa é fundamental. Imprensa e público perspicazes agora exigem uma maior responsabilização da empresa, não só em termos de rentabilidade, mas também do exercício de responsabilidade perante a comunidade em geral. A tentativa de mudança não cairá em nenhum dos outros Qs sem o QI; e, se algo for falhar, o que provavelmente falhará primeiro é o argumento.

Se o verdadeiro sentido de propósito e missão é prestar um serviço aos clientes de forma justa e honrosa, então a mudança precisa acontecer. Os GGs não podem mudar a realidade de como a organização opera. Podem apenas executar a estratégia, mas não conseguem mudar o design básico do lugar.

Esse processo pergunta como uma organização deve ser projetada para que esteja adequada à sua finalidade. As características vitais do QI, tais como a abordagem do propósito principal, da moral e dos valores éticos, devem estar presentes no redesenho da organização. A maioria das organizações tem uma série de declarações de valor, missão e visão, que não fazem sentido e são contraproducentes, porque as pessoas não acreditam nelas quando testemunham a realidade de como seu local de trabalho realmente funciona.

Para evitar esses altos níveis de desmotivação, o QI deve ser empregado para estabelecer uma organização baseada na missão ou visão. Há diferenças importantes e notáveis entre os dois, como destaca nossa pesquisa no recente livro *A fórmula do sucesso*.

Uma organização baseada na missão prioriza valores profundamente estabelecidos que garantem que o valor seja entregue. As organizações baseadas em visão são frequentemente o resultado das aspirações do CEO, com ou sem os executivos, e baseiam-se em uma proposta de valor — a visão de como o valor poderá ser entregue no futuro.

A abordagem da visão tem sido testemunhada de muitas maneiras com o Manchester United Football Club, que gera uma admirável quantia de dinheiro, combinando valor para os acionistas e conquistas para o futebol. Quando o lendário treinador, Sir Alex Ferguson, deixou o clube, ele tinha criado um conjunto muito distinto de valores em matéria de profissionalismo, futebol, treinamento de jogadores locais e compra seletiva de jogadores de alto custo. Depois que ele se foi, esse *ethos* mudou, o que sugere que esses valores nunca foram totalmente incorporados. Em consideração, o clube poderia ter feito mais para incorporar os valores que Ferguson tão proeminentemente viveu e promoveu? Sem isso, a estratégia passa a ser a de encontrar um novo messias para reconectá-los com seu próprio passado.

Design organizacional significa determinar o propósito principal, ou seja, se a empresa será guiada pela missão ou pela visão. É necessário fazer perguntas difíceis, tais como: "Por que as coisas estão sendo feitas dessa maneira?" e "Os nossos valores atuais estão realmente sendo vividos?" A próxima ação é decidir sobre o tipo de estrutura que deverá ser criada.

O design organizacional é baseado em exemplos, evidências, capacidades e avaliação dessas capacidades. O uso do QI deveria ser elevado nesses níveis, mas, quando isso não acontece, há consequências, muitas vezes sob a forma de reestruturações que dão errado. As declarações de missão que não captam a realidade ou a maneira como as pessoas vivem, levam a uma rejeição dos valores fundamentais e fazem com que nada consiga unir a organização. Se a visão é impulsionada por um fator com o qual ninguém consegue se envolver, então tudo se torna tático e a organização fica vulnerável a escândalos ou mudanças de circunstâncias do mercado.

Em tal situação, a gerência geral fica presa entre ter uma visão muito clara da estratégia, porque a vive no dia a dia, e ser responsável pela execução de um plano com o qual não teve envolvimento ou responsabilidade na criação. Além disso, eles sabem se vai ou não funcionar, antes mesmo de tentar. A gerência geral precisa utilizar o QI para analisar e antecipar as consequências das suas ações. Eles devem, tanto quanto possível, equilibrar a entrega de feedback crítico para seus superiores, ao mesmo tempo em que tentam aproveitar a motivação das pessoas que trabalham abaixo deles.

Quando os funcionários perguntam: "Por que meu gerente geral está fazendo algo que sabe que não vai funcionar?", eles começam a perder a confiança no processo. A gestão desta complexidade precisa ser cuidadosamente ponderada. As perguntas que devem ser revisadas incluem "Como é que vou lidar com isto?", "Como é que vou passar as mensagens?", "Como vou transmitir essas mensagens para cima?" e "Quanto tempo vai demorar até que a mensagem verdadeira chegue ao destino?". Todos estes importantes desafios para o QI são fundamentais para convencer colegas e falar abertamente com eles, sem ser desleal aos objetivos e diretrizes organizacionais que vêm de cima.

Abaixo da gestão geral, o QI é muito menos estratégico e está muito mais preocupado com papel, tarefa e função. Um cirurgião é uma pessoa altamente inteligente, mas eles não são pagos para elaborar os horários das enfermarias ou definir o funcionamento do hospital. Eles estão lá para consultar, operar e fazer o trabalho deles. É aqui que o QI pode ser melhor aproveitado, quando os indivíduos têm alguma percepção das disparidades, tensões e paradoxos da organização ao mesmo tempo em que focam na execução de seu trabalho. No entanto, muitas pessoas não são capazes de se distanciar o suficiente e optam por se rebelar contra um trabalho insatisfatório, porque não possuem uma visão organizacional, nem são obrigadas a isso. A complexidade dessas pessoas é baseada na funcionalidade.

Ter uma mentalidade voltada para a funcionalidade no nível sênior pode ter consequências prejudiciais e indesejadas. A pergunta da diretoria e dos altos executivos é: "Por que posicionamos os recursos dessa forma, se poderíamos gerar mais valor caso os posicionássemos de outra maneira?" A principal questão da gerência geral, estratégica e de recursos é: "O que está acontecendo com a lealdade?" Se as decisões continuarem mudando, a lealdade será prejudicada e é ela que os une. Assim, dois níveis de liderança estão olhando para o reposicionamento a partir de diferentes perspectivas. Um está buscando continuidade e o outro busca um futuro além dessa organização atual. Não é de se admirar que as pessoas de QI elevado se confrontem. A lógica, considerada individualmente, pode ser impecável, mas será que funciona justaposta às outras?

O QI é a base primordial para a construção de um argumento convincente para a alocação de recursos e o posicionamento de ativos a fim de obter vantagem competitiva e entregar valor. Uma estratégia clara e abrangente é o elo entre as declarações da missão e a execução de tarefas específicas — a ligação vital entre o desejável e o realizável.

O QI elevado é indispensável para uma liderança excepcional, embora a evidência sugira que pessoas de QI elevado e altamente bem-sucedidas às vezes falham quando promovidas a cargos de liderança. Mas se não tiver o QI, esqueça o resto.

Quando entrevistado, um CEO afirmou que passa 40% do seu tempo gerindo o negócio e os outros 60% tentando compreender como é que as pessoas e a organização funcionam. Isso indica que outras formas de inteligência também determinam a capacidade de liderança.

PONTOS DE AÇÃO

As seguintes perguntas têm a intenção de ajudá-lo a pensar sobre a maneira como você usa o intelecto (QI) em sua organização e em seu papel de liderança.

- Como você posicionará seus recursos para gerar valor?
- Quais tipos de estruturas você vai apresentar para apoiar a criação de valor?
- Por que você usará essas estruturas ao invés de outras?
- Como a estrutura se enquadra na sua estratégia?

- Com QI, o objetivo é criar um argumento convincente para a estratégia de criação de valor. Qual é o seu argumento convincente?

2

QE: APROVEITANDO AS EMOÇÕES, MELHORANDO OS RELACIONAMENTOS

Elvira tinha acabado de assumir uma grande divisão da empresa. O seu antecessor era carismático, mas também caótico, favorecendo aqueles de quem gostava e negligenciando todos os outros. Os integrantes da equipe divisional faziam reuniões individuais com o antecessor de Elvira para conseguir lidar com as complexidades. Independentemente do que tinha sido acordado nas reuniões, as decisões mudavam de acordo com quem tinha o influenciado mais. Alguns indivíduos se beneficiaram dessa forma de interação política. Mas, qualquer noção de trabalho de equipe estava ausente. Isso foi o que mais preocupou Elvira ao assumir a liderança. Em sua primeira reunião com a equipe, ela definiu as regras básicas:

- Seguiremos aquilo que foi definido nas reuniões.
- Não será possível falar comigo depois da reunião para tentar me convencer a fazer as coisas do seu jeito.

- Não será possível falar comigo antes da reunião para tentar me convencer a fazer as coisas do seu jeito.
- Não será possível falar com o meu chefe para tentar convencê-lo a fazer as coisas do seu jeito [o que também era uma prática comum].
- O orçamento será transparente para todos.
- O desempenho e os bônus também serão transparentes.

Grande parte da equipe respirou fundo. Não estavam habituados a uma conversa tão simples. "Compreendo que isso pode ser difícil para alguns, mas me deixem trabalhar e conversar com vocês, para que nos tornemos uma boa equipe", disse Elvira.

Nos meses seguintes, ela trabalhou de perto com a equipe e as pessoas que precisavam de mais atenção. Falou aberta e sinceramente sobre os pontos fortes e fracos da organização e da equipe, permitindo que seus colegas respondessem de forma semelhante.

Lentamente foi surgindo uma nova forma de se comportar. As preocupações, os problemas, as ideias e realizações da equipe foram discutidas abertamente e os colegas foram desafiados positivamente. A nova cultura estimulou uma maneira inovadora de fazer negócios, ao mesmo tempo em que promoveu o apoio sensível uns dos outros. Na obtenção dos contratos, os interesses pessoais e organizacionais foram postos de lado, e isso ficou mais evidente no atendimento aos clientes. Até o chefe de Elvira, um operador político sutil, comentou: "É refrescante ver o seu novo estilo e o que está fazendo com a sua equipe. Isso pode até funcionar para o resto da organização."

Elvira sorriu. "Esse seria apenas o primeiro passo", pensou.

OPERADORES TRANQUILOS

O quociente emocional, ou QE, é a capacidade de gerir as próprias emoções e as dos outros. O QE oferece uma outra forma de olhar para as relações, especialmente aquelas que necessitam de atenção contínua para permanecerem alinhadas. Ao longo do tempo, o QE evoluiu para a capacidade de identificar as emoções com precisão, melhorar os processos de pensamento e, ao fazê-lo, regular e promover o crescimento intelectual. Com efeito, estar atento ao QE propicia um nível mais elevado e contínuo de química entre os indivíduos.

Embora a nossa pesquisa tenha estabelecido que o QI é, de longe, o mais importante dos 5Qs quando se pensa no uso de dados contraditórios para construção de argumentos convincentes, o QE é uma forma de suavizar relações que podem ser desafiadas em consequência de uma defesa poderosa.

Pesquisas mostram que pessoas com alto QE têm mais saúde mental, melhor desempenho no trabalho e demonstram mais habilidades de liderança. Daniel Goleman, o responsável por popularizar a inteligência emocional, indicou que o QE responde por até 67% das habilidades consideradas necessárias para um desempenho superior em líderes, e é duas vezes mais importante do que perícia técnica ou QI.

Em qualquer organização que tenha mais de setenta pessoas, a falta de um QE eficaz pode resultar em altos níveis de desalinhamento entre intenções, agendas e ações. Em ambientes onde as diferenças devem ser mínimas, tensão e disputas contínuas podem se tornar esmagadoras devido à falta de foco no QE. A vida é muito melhor quando temos o QE bem desenvolvido.

Quais são as qualidades de QE necessárias para o grande líder?

1. Autoconsciência — a capacidade de identificar as emoções, pontos fortes, fraquezas, impulsos, valores e metas de cada um; ser capaz de reconhecer o impacto de uma pessoa em outras e, através dessa percepção, usar a intuição para guiar decisões.

2. Autorregulação — controlar ou redirecionar as próprias emoções e impulsos disruptivos e se adaptar às circunstâncias em mudança.

3. Habilidade social — gerenciar relacionamentos para mover as pessoas em uma direção mutuamente desejada.
4. Empatia — considerar os sentimentos das outras pessoas, especialmente ao tomar decisões.
5. Motivação — ser impulsionado a alcançar objetivos em nome da realização.
6. Núcleo moral — ser capaz de tratar os outros de forma igual e transparente.

Como QE tem a ver com a gestão das emoções, ele é ideal como forma de partilhar as preocupações da equipe, construir relações e melhorar o desempenho. O QE funciona melhor em empresas nas quais a missão, o propósito e os objetivos sustentam a equipe. Com efeito, o principal desafio é aumentar o engajamento, especialmente quando as agendas e interesses estão desalinhados. Quando a tensão enfraquece o engajamento e prejudica o alinhamento de interesses e pensamento, é improvável que a adoção de uma abordagem de QE conduza a resultados positivos. Neste caso, é necessário estar atento ao QP (o tópico do nosso próximo capítulo). Em muitos aspectos, o QE começou como uma resposta ao foco excessivo na prática e na busca de vantagem competitiva até o ponto em que nada mais importa. Para combater esse zelo excessivo, são enfatizadas quatro tipos de habilidades:

- Identificar emoções em rostos, imagens, vozes, linguagem corporal e ações, incluindo a habilidade de identificar as próprias emoções. É isso que possibilita o processamento de informações emocionais.
- Usar as emoções para compreender questões e resolver problemas. Uma abordagem baseada no QE permite que um indivíduo se beneficie de mudanças de humor para lidar com uma tarefa específica.
- Compreender as emoções permite uma melhor apreciação das emoções complexas que evoluem ao longo do tempo.

- Gerir melhor as emoções, tanto em si mesmo como nos outros, permite que as emoções se moldem para alcançar os objetivos mutuamente desejados.

Nas décadas de 1950, 1960 e 1970, os mercados eram flutuantes e a noção de QE (à época, não conhecida como tal) era considerada um luxo. Sim, seria bom tratar bem as pessoas, mas isso faria alguma diferença? Uma vez que os mercados amadureceram e se tornaram saturados, o conceito de QE e a importância das relações pessoais vieram à tona. Ficou claro que ser agradável, compreensivo e paciente permitia que as equipes se unissem e estimulassem a transparência, o que naturalmente melhorava o atendimento.

Isso é importante, porque a transparência está naturalmente ligada à autenticidade e à coerência, que são qualidades difíceis de manter por aqueles que ocupam posições de chefia. O conceito de QE busca conexões profundas entre indivíduos e equipes, mas as relações diferem em cada cenário, dependendo de quem é o responsável por definir a direção que uma organização deve tomar. As amizades podem permanecer, mas, em certo ponto, a noção de "o que precisa de ser feito e como" assume o controle. Essa é a divisão entre os lados objetivo e pessoal do QP e QE (tais diferenças serão explicadas no próximo capítulo).

Uma visão estabelecida é que algumas pessoas são naturalmente mais orientadas para o QE do que outras, e há algumas evidências que sustentam isso. Nossa pesquisa descobriu um número limitado de homens e mulheres que obtiveram índice zero nas questões de sentimentos em testes psicométricos como o Myers-Briggs. Isso significa que eles têm pouca consciência emocional e demonstram alta dependência de argumentos lógicos. Isto não quer dizer que esses indivíduos não experimentem emoções. Mas as emoções, como uma possível forma de trabalhar, não entram em sua mentalidade. Eles poderiam ser atraídos para a lógica, o impulso ou mesmo a agressividade, mas a sua capacidade de interpretar o contexto e as pessoas é mínima.

O QE tem sido frequentemente reconhecido como uma característica mais feminina, no entanto, nosso banco de dados registrou um número considerável de executivas seniores com pontuação zero no quesito sentimentos. Isso pode ser explicado pelo uso contínuo, desde a infância, da lógica e da dedução como um modo de vida. Na natureza desses indivíduos, as relações sempre ocuparam o segundo lugar. Isto também pode se dar pelo fato de as qualidades do QE serem vistas como excedentes dentre os requisitos necessários para desempenhar bem algumas funções. (Também é importante ressaltar que estamos vivendo em uma era na qual muitas executivas estão sendo processadas por intimidação e assédio moral, com suas acusadoras sendo, predominantemente, mulheres). Então, se você não é dotado de QE como uma característica da sua personalidade, a única opção é desenvolver as habilidades relacionadas. Essa jornada inclui saber apreciar e aproveitar o poder do contexto, lidar com o ressentimento e aprender a dar e receber feedback.

A FORÇA DO CONTEXTO

Quando se trata de aprender o QE, ironicamente, o primeiro passo não é prestar atenção à leitura das pessoas, mas sim concentrar-se no contexto em que elas estão envolvidas. Isso se traduz em um processo de aprender sobre uma nova organização e de conhecer pessoas que podem ser simpáticas ou desagradáveis, para só então começar a entender qual é a real situação delas.

Nessas circunstâncias, sempre se faça a seguinte pergunta: "O que está conduzindo determinados padrões de comportamento ou formas predominantes de pensar?" É a partir deste ponto que se torna possível começar a desenvolver uma estrutura que ajude a examinar as especificidades de uma situação.

Para entender o contexto, faça as seguintes perguntas:

- Qual é a natureza da cultura organizacional?
- O que faz sentido para as pessoas de dentro, mas não para as de fora?
- Até que ponto os gerentes refletem sobre suas ações e reações?
- Até que ponto os gerentes assumem que as coisas que fazem e pensam são normais?
- Como os desafios são tratados: de forma positiva, defensiva, transparente ou encoberta?
- Quem são os heróis da organização — do passado e do presente — e por que eles são reverenciados?
- Como é saber se o limite do comportamento aceitável foi ultrapassado?
- O feedback é oferecido abertamente? Tudo é satisfatório ou existe uma tensão prejudicial e indesejável escondida no fundo?
- Até que ponto os recém-chegados são integrados à cultura da empresa?

Suas respostas a essas perguntas fornecerão pistas claras sobre a natureza e a cultura da organização e sobre quais desafios de QE precisarão ser enfrentados para construir relacionamentos positivos de maneira efetiva.

O contexto pode ser impelido pelo legado ou por uma demanda específica de negócios, como atingir metas de vendas. O contexto analisado é agressivo, imediatista ou apenas exigente? O contexto é politicamente carregado por personalidades que não sabem como conciliar preocupações e ou como discutir assuntos críticos com outras pessoas? A cultura é moldada por apenas uma ou duas personalidades? Será que as pessoas são intrinsecamente decentes e respeitosas umas com as outras, mas ainda não exibiram um lado diferente delas? Todos esses fatores podem ser altamente valiosos ou prejudiciais, e também servem para enfraquecer ou incentivar uma orientação de QE.

Se o contexto for bem analisado e tratado, se as pessoas estiverem profundamente conscientes do que as relações significam e estiverem buscando extrair o melhor de seus colegas, então um conjunto de valores operacionais irá emergir. Esses valores orientam a maneira como o pensamento é processado e como a operação é melhor gerenciada. Em outras palavras, o contexto é compreendido e, por isso, pode ser moldado. Os líderes devem se adaptar a essa realidade, caso contrário serão vistos como fracos, fora de alcance, indevidamente assertivos e incapazes de enxergar o panorama geral. Independentemente de o contexto ser excessivamente passivo ou agressivo, o líder acaba sendo prejudicado e subestimado.

COMPREENDER AS PESSOAS

O próximo passo é entender as pessoas ao seu redor e observar como elas reagem emocionalmente. O que desencadeia uma reação positiva ou negativa? O que estimula uma boa conversa? Como os indivíduos aparentam pensar e sentir? As características do contexto e das pessoas podem parecer quase idênticas, mas a ordem em que são vistas e como agem sobre elas são elementos importantes.

Em muitas mentes, os dois elementos se sobrepõem. Como foi dito, a abordagem instintiva é primeiro ler as pessoas e depois considerar o contexto. Isso pode levar a sérios erros de julgamento. Então, em vez disso, para explicar o que está realmente acontecendo no terreno, comece pelo contexto. Depois prossiga com as observações sobre indivíduos, para começar a criar uma visão clara do porquê de certos padrões básicos de comportamento estarem ocorrendo e das razões pelas quais alguns indivíduos cooperam enquanto outros não. Esse processo requer disciplina séria e segue uma ordem específica:

1. Eu consigo ver o que as pessoas (não) fazem.
2. Eu consigo ver o que as pessoas (não) dizem.
3. Eu consigo ver que determinadas pessoas (não) cooperam.

4. Eu reconheço o que elas estão fazendo.
5. Eu reconheço o que eles deveriam estar fazendo.
6. Eu consigo perceber que devo me manter calado em certas situações.
7. Eu sei quando preciso fazer perguntas.

Esses passos ajudam os indivíduos a se relacionarem de maneira mais eficaz uns com os outros e a reagirem adequadamente. Um dos primeiros resultados positivos é a construção da confiança baseada em padrões visíveis de comportamento e autenticidade. No entanto, mesmo com essa percepção, o QE ainda pode ser difícil de colocar em prática. Mesmo não sendo culpa deles, os gerentes podem acabar sendo encarregados de conduzir uma mentalidade de "sim, podemos fazer isto", ao mesmo tempo que lhes é exigido que reajam de forma coerente e sensível às pessoas que operam em um contexto contraditório.

Além disso, o que acontece se você é um líder que está tentando ser autêntico, e as circunstâncias mudam? Você simplesmente continua, sabendo que nessa nova situação o caminho errado está sendo seguido? Ou você dá uma pausa e entrega uma avaliação atualizada e uma nova mensagem como parte de um processo contínuo de QE?

Independente de tais pressões e exigências, a manutenção da autenticidade deve ser um tópico abordado. Isso significa que há uma necessidade, quando as circunstâncias mudam substancialmente, de comunicar por qual razão as intenções previamente estabelecidas mudaram. Consegue-se isso ajudando os outros a ver e compreender o contexto, o que lhes permite alinhar a perspectiva e pensar em conformidade.

QE não significa ter que pensar da mesma maneira que os outros, é mais sobre como gerenciar suas emoções. Se estamos jogando futebol, precisamos marcar gols, e isso envolve a maneira como passamos a bola, defendemos e atacamos. A forma como fazemos isso depende de nós. Como atacamos e defendemos juntos, como cobrimos e apoiamos uns aos outros, especialmente quando um membro da equipe cometeu um erro, podem definir a vitória ou a derrota no jogo.

Em última análise, o ponto focal de preocupação é a pessoa. É preciso entender o contexto em que ela está inserida, mas, ao mesmo tempo, você não pode culpar a situação. Ela é o que é. O desenvolvimento pessoal, a necessidade de autoconhecimento e aceitação do feedback são elementos vitais. A capacidade de lidar com situações de forma diferente também é um aspecto importante que atravessa o domínio do QE e do QP. QE significa que, com o tempo, você se torna confiável. Você passa a ser reconhecido por ter um comportamento autêntico, e é perdoado se essa persona deslizar, porque os outros levam em conta as circunstâncias e conseguem ver que suas ações são genuínas.

O QE precisa de uma plataforma através da qual as intenções possam ser claramente delineadas e comunicadas. É importante preparar as pessoas para que possam ouvir e compreender os novos desenvolvimentos projetados para seu próprio benefício e o da organização. Os novos membros de uma equipe precisam de tempo para se adaptar à forma como são feitas as coisas — habituando-se às pessoas que falam mais abertamente ou que talvez pareçam agressivas enquanto ainda mantêm a amizade. Isso, mais uma vez, faz parte de um longo processo de apreciação do contexto, a fim de construir a confiança.

O próximo passo na preparação da plataforma de comunicação é desenvolver, em outras pessoas, a capacidade de participar. O QE é muito importante na formação positiva das relações pessoais. Se considerar o que pode acontecer quando você está em casa, saberá instintivamente que você e seu parceiro podem entrar em um processo de comunicação, mas, no local de trabalho, você nem sempre se sente capaz de se envolver em uma discussão. É possível que se sinta despreparado ou relutante em participar. Claro que, em ambientes domésticos disfuncionais, a mesma situação ocorre.

Outras pessoas podem parecer zangadas ou incapazes de cooperar. Para fazer com que elas falem, você precisará administrar essas emoções. Isso requer paciência e tempo. Pode levar de três a seis meses para alcançar, à medida que você gradualmente os prepara para discutir sobre as circunstâncias desafiadoras. Mesmo assim, talvez você nunca consiga chegar a esse ponto. É vital desenvolver nos outros a capacidade de ouvir, e isso requer uma sensibilidade imensa. Você está considerando o indivíduo dentro de um contexto e analisando o quanto ele consegue ser pressionado sem permitir que o ressentimento se instale. E isso é importante porque o ressentimento é uma das maiores ameaças às relações harmoniosas e coesas.

RESSENTIMENTO

O ressentimento é uma lógica e um estado de espírito que pertence à sua própria história pessoal. Você pode ser pressionado para alcançar "X, Y e Z", mas se ressentir de quem te pressiona. Apesar de ver que eles estão tecnicamente certos, você pode não gostar da forma como eles falaram ou de como abordaram um problema, ou sentir que eles, direta ou inadvertidamente, identificaram seus pontos fracos. O ressentimento é pessoal. Depende totalmente de você. Mesmo que essa outra pessoa consiga administrar as próprias emoções e esteja tentando administrar as suas, você ainda pode se ressentir delas. Isso significa que há algo do passado atrapalhando sua discussão no presente.

O ressentimento surge quando você vê alguém exercendo um impacto negativo sobre você. Eles prejudicam os seus interesses. Parecem vê-lo como sendo menos capaz e tentam orientá-lo ou empurrá-lo em uma determinada direção. A outra pessoa pode estar genuinamente tentando dar apoio, mas você não gosta do tom ou da natureza da conversa. Alternativamente, o seu ressentimento pela pessoa pode ser inteiramente justificado. Seja qual for o seu raciocínio, você se concentra em sentir que suas ideias e contribuições são melhores do que as da outra pessoa. Na verdade, você sente que ficaria melhor fora da situação, mas escapar nem sempre é fácil. O ressentimento nas relações pessoais pode durar uma vida inteira, e esse também pode ser o caso no trabalho. Você pode ter deixado a organização há muitos anos, mas, quando encontrar seu antigo chefe, mesmo que ele pareça ter mudado, poderá ser difícil manter seu ressentimento sob controle.

As pessoas podem trabalhar e viver juntas, mas o ressentimento borbulha logo abaixo da superfície. Ele pode minar as relações sem matá-las totalmente, tornando os indivíduos cegos às mudanças nas pessoas e às diferentes circunstâncias. O ressentimento pode impulsionar um padrão de interação, mesmo que a tensão original tenha desaparecido há muito tempo.

Em nossa pesquisa, descobrimos que as pessoas que são mais "orientadas para os sentimentos" podem ter uma mentalidade de QE clara, que, por sua vez, lhes permite estar melhor equipadas para lidar com o ressentimento do que aquelas que são menos sensíveis. No entanto, nem sempre é esse o caso. Ser magoado afeta profundamente algumas pessoas, e esses sentimentos permanecem por muito tempo. Em contraste, aqueles que quase não tinham pontuação nos sentimentos, na maioria das vezes, expressam uma atitude de "e daí?". Embora sejam impactados em termos de seus relacionamentos, eles não conseguem compreender por que permitem que as emoções atrapalhem o panorama geral. "Eu sou mais prático e não deixo que esses sentimentos improdutivos se ponham no caminho" é um pensamento frequentemente expresso.

O serviço público britânico foi uma arena de testes para a adoção do QE. A preocupação das economias anglo-americanas em cortar custos do governo e fazer com que o setor privado aceitasse a responsabilidade pela prestação de serviços à comunidade mudou substancialmente a forma do serviço público. No Reino Unido, é surpreendente analisar o quão bem os funcionários públicos de alto escalão implementaram os cortes severos impostos pelo governo.

Um funcionário público enfrentou uma redução substancial no seu orçamento. Ele era recém-nomeado e veio de uma disciplina diferente da de seu departamento. A sua reação imediata foi trabalhar em conjunto com todas as partes relevantes dentro do departamento e aceitar a responsabilidade pela implementação de uma estratégia financeira impopular e indesejada. Ele consultou todos os *stakeholders* relevantes, internos e externos, e mapeou detalhadamente as principais áreas de preocupação para a execução da política. Identificou as linhas de falha na organização e, em seguida, juntamente com outros, estabeleceu maneiras de contornar esses bloqueios para a prestação de serviços à comunidade causando o mínimo transtorno. Ele alcançou os seus objetivos em apenas um ano.

As previsões de catástrofe social não se materializaram. Dentro do departamento, o nível de engajamento de alta qualidade foi, em muitos aspectos, igualado pelos seus colegas funcionários públicos seniores. Compromisso e transparência foi a abordagem utilizada, e ela foi replicada. Dessa forma, a eficácia e a contribuição de outros líderes da função pública, que também enfrentaram cortes orçamentais rigorosos, foram reforçadas. Quanto maior era o sucesso e o respeito do funcionário público dentro de sua equipe, mais ele era admirado por seus colegas seniores que estavam aprendendo sobre o valor prático do QE. A sua transparência e partilha foram emuladas em muitos setores do serviço público.

Eventualmente, ele saiu do serviço público e agora está seguindo uma carreira de sucesso no setor privado. Até os antigos colegas que não gostavam dele lamentaram vê-lo partir. O legado de QE deixado por ele continua vivo.

Às vezes, não há como escapar do ressentimento. Independentemente do nível de realização de QE da pessoa, qualquer desafio causará ressentimento em alguns indivíduos. O importante é a capacidade de detectar o ressentimento e compreender o que gerou tais emoções negativas. Isso ajuda a romper barreiras entre as pessoas e emergir com relacionamentos mais positivos.

Quando as pessoas assumem posições diferentes, pode-se causar ressentimento, resultando em marginalização, afastamento ou, até mesmo, demissão. Isso pode acontecer independentemente de estarem na equipe de altos executivos, no conselho de administração, na direção geral ou de serem excelentes no que fazem. Tudo depende da mentalidade. Aqueles que genuinamente querem fazer um bom trabalho e estão focados na entrega de valor tendem a ter pouco tempo para a negatividade, especialmente se ela for persistente. Eles podem ficar zangados, mas essa irritação se dissipa rapidamente. Aqueles que se sentem ofendidos quando são desafiados e se sentem marginalizados e prejudicados quando sua proposta é avaliada estão mais propensos a abrigar ressentimentos profundos. Como foi dito, emoções tão poderosas podem durar uma vida inteira.

Curiosamente, algum ressentimento pode permanecer no reino do "Eu não gosto de você, mas tudo bem, porque consigo pelo menos respeitar o que você está fazendo". Para alguns é difícil, em uma equipe, respeitar alguém de quem não gosta, mesmo quando a equipe está trabalhando com uma base de QE. A aversão, o ressentimento e a falta de respeito podem acabar se misturando.

Imagine jogadores de futebol que se recusam a passar a bola para o craque do time porque não gostam dele e não querem que ele tenha sucesso. Esse problema não pode ser resolvido no gramado. Em vez disso, deve ser tratado no vestiário e nos treinos. Essa situação pode até fazer com que o time se livre do craque, pois, apesar de ser um ótimo jogador, ele simplesmente não consegue trabalhar bem com os outros.

Da mesma forma, se houver alguém na sala de reuniões que consistentemente faça comentários prejudiciais, não importa quais sejam suas habilidades ou o quão certo ele esteja, os outros podem simplesmente não passar a bola para ele. Ressentimento, performance contraproducente e emoções negativas significam que até mesmo o melhor jogador do time pode, de repente, ficar fora do jogo.

ELA ME FEZ UM FAVOR

Uma disputa de longa data entre dois gerentes seniores de uma ONG de renome mundial fez com que um se queixasse do outro ao CEO. "Ele nunca está aqui! Está sempre lá fora, correndo atrás de uma coisa ou outra! Ele não está contribuindo!", criticou ela. O CEO pediu para ver o protagonista "ausente". Tornou-se evidente que ele havia sido produtivo em fazer contatos e garantir acordos de longo prazo que tornavam a ONG mais segura. No entanto, o protagonista também era impopular. O CEO perguntou se ele achava que a ONG era capaz de sobreviver. A resposta foi que a ONG estava em situação financeira precária e que alguém tinha que ganhar contratos, o que significava estar constantemente fora.

Apesar de seus esforços, o CEO sentiu que o exemplo dado pelo protagonista não estava de acordo com o que era exigido de um gerente sênior e exigiu que ele gastasse mais tempo abordando questões internas. O protagonista discordou e prontamente apresentou a sua demissão. Partiu assim que foi conveniente. Atualmente, a ONG enfrenta perdas financeiras consideráveis e é provável que seja reduzida. Depois, ao refletir sobre o assunto, o protagonista, se referindo à antiga colega, disse: "Ela me fez um favor! Me tirou da organização quando eu não tinha forças para partir."

Alguns indivíduos são capazes de deixar o ressentimento de lado, mas apenas se tiverem maturidade para fazê-lo. O quanto eles se importam? E será que conseguem se afastar de algo que não deu certo? Atinge-se uma plataforma funcional de QE a partir do momento em que fica claro que as intenções eram boas e que uma mentalidade positiva foi alcançada. Nessa altura, torna-se possível entrar em uma discussão mais significativa. Mas, atenção, as causas do ressentimento raramente são esquecidas. A solução está mais relacionada com a forma como essas emoções são posicionadas e tratadas. Sem intenção e mentalidades positivas e voltadas para o futuro, fica difícil afastar os sentimentos negativos a favor da abordagem de preocupações futuras.

FEEDBACK

O feedback, ou a troca de informações entre a equipe sobre a equipe, é fundamental para o QE. Ele é inevitavelmente dado durante a construção e gestão de relacionamentos. Líderes inteligentes fazem comentários mais pensados, mais profundos na análise e essenciais para melhorar a performance. Quando os níveis de confiança e respeito pelos outros estão altos e o ressentimento é minimizado, torna-se muito mais fácil avaliar o que perturba aqueles a quem você está tentando melhorar e identificar quando alguém não está pronto para uma tarefa ou mesmo para ouvir seu feedback.

É preciso uma série de passos até chegar ao ponto em que a informação pode ser dada aos outros a fim de melhorar as relações. Isso acontece depois que as emoções de ambos os lados são tratadas, de modo que todos estejam prontos para ouvir comentários genuínos. Muitos teóricos de QE sugerem que dar feedback profundo e significativo como parte de uma revisão de performance mais cedo no processo é uma parte fundamental da criação de um ambiente de QE. No entanto, nossa pesquisa sugere que determinar a preparação das pessoas para receber e lidar positivamente com o feedback é uma consideração muito mais importante. É comum ver pessoas com baixa capacidade de QE dando feedback ao acaso. Se elas têm um QI alto, mas baixo QE, é provável que seu feedback seja profundamente preciso e, no entanto, possivelmente ressentido.

O presidente de uma empresa europeia bem conhecida recebeu uma carta de reclamação desesperada de uma administradora sênior, declarando que ela e o CEO tiveram um caso, mas que ele rompera a relação em favor da esposa. Ela ameaçou ir à imprensa, a menos que algo fosse feito. O presidente chamou imediatamente o CEO para descobrir a verdade. Sim, um caso tinha ocorrido e, sim, o CEO quis acabar com o relacionamento, lamentando profundamente o mal que tinha causado tanto à esposa quanto à amante.

Em sua conversa com o presidente, também ficou claro que o CEO tinha uma vida privada infeliz. Preocupado com o provável dano à reputação, o presidente considerou seriamente a possibilidade de pedir ao CEO que deixasse a empresa. No entanto, o CEO era muito bom em seu trabalho e tinha guiado a empresa através de uma série de condições de mercado distintamente difíceis. O presidente decidiu que era hora do CEO ser mais profissional e não permitir que a vida privada prejudicasse a profissional. Ele precisava dar feedback ao CEO sobre como ele era enquanto pessoa e o que precisava fazer para ganhar sua confiança. Essa não era uma questão fácil, pois o CEO era sensível às críticas e, em muitos aspectos, vulnerável a novos retrocessos emocionais devido à natureza insatisfatória das suas relações pessoais.

A fim de deliberar sobre a permanência do CEO, o presidente decidiu tomar as seguintes medidas ao oferecer feedback:

Passo 1 — Estimular o conforto

Para o presidente, era importante fazer com que o CEO se sentisse suficientemente confortável, de forma que o feedback necessário pudesse ser dado e fosse absorvido. Então, ele falou sobre a performance do CEO e de sua contribuição para a empresa, até que um nível de intimidade fosse alcançado e os dois pudessem falar mais abertamente um com o outro.

Passo 2 — Conversar sobre os desafios

Em vez de abordar a questão sensível da vida privada do CEO, o presidente falou sobre os desafios de equilibrar a vida privada com a vida profissional. Afirmou que ele próprio também teve dificuldade na tentativa de equilibrar sua vida, e que essas tensões nunca desapareceram, mas foram simplesmente geridas, situação a situação. A resiliência para lidar com essa questão e a paciência para ajudar a família a lidar com as tensões e estresses da vida executiva requerem paciência, tato e, acima de tudo, cuidado e preocupação visíveis.

Passo 3 — Auto-admissão

Agora, o CEO sentia-se confortável e capaz de admitir os desafios que enfrentava e as suas próprias deficiências. Sim, ele estava em falta e assumiu a responsabilidade por isso, e, sim, estava disposto a pedir demissão caso o presidente assim o solicitasse. O presidente o agradeceu pela honestidade e disse que valorizava a contribuição dele como CEO e que esta seria uma substituição difícil. Ele gostaria que o CEO ficasse, desde que resolvesse a queixa feita pela gerente.

Passo 4 — Enfrentar as consequências

Garantir o envolvimento total como parte do feedback oferecido tem por objetivo ajudar a outra parte a enfrentar as consequências de suas ações e encontrar maneiras de lidar com as preocupações. O CEO precisava se decidir entre a mulher e a amante. Ele enfrentou a circunstância distintamente desconfortável de ter que pedir desculpas à colega e perguntar como a sua situação poderia ser resolvida, pois o caso entre eles não poderia continuar. Como se verificou, a mulher acabou pedindo demissão, mas o CEO lidou sozinho com as consequências. O caso ficou conhecido na organização, e ele se viu humilhado.

Em contraste, uma considerável admiração foi mostrada à mulher pela coragem de falar. Sem dizer isso diretamente, o CEO deixou claro que estava em falta e resistiu à tempestade. Ele se mantém no cargo até hoje, e ainda tem a reputação manchada. Quando lhe perguntaram o que tinha aprendido com a conversa, sua resposta foi dupla: admiração pelo presidente, que mostrou paciência e sensibilidade para ajudá-lo a ser menos defensivo, e, em segundo lugar, ele aprendeu a desenvolver um nível de resiliência para enfrentar as circunstâncias, algo que não tinha antes.

UMA CULTURA QE

O QE ajuda as pessoas a gerir as próprias emoções e as dos outros através da compreensão do contexto e das pessoas, lidando com o ressentimento e utilizando o feedback de maneira eficaz. Eventualmente, cria-se uma cultura mais ampla e solidária.

Em nossa experiência, as organizações baseadas na missão são mais propensas a incentivar um profundo nível de engajamento e o diálogo contínuo com os *stakeholders*. Isso é lógico, porque essas organizações estão focadas em entregar valor e, para isso, é necessário que elas entendam o que seus *stakeholders* (clientes, funcionários e fornecedores) estão realmente experimentando. Em uma organização baseada na visão, ao contrário, a prioridade é fazer com que os *stakeholders* concordem com a proposta de valor das lideranças e apoiem a visão.

Tanto a Caterpillar quanto a Deutsche Telekom criaram ambientes de QE em condições de mercado desafiadoras. A realidade é que o crescimento de uma cultura de QE está repleta de dificuldades devido às diferenças entre as pessoas, falta de pensamento alinhado, agendas pessoais e à aversão de uns pelos outros nos níveis gerenciais superiores. No entanto, certas organizações têm enfrentado tais tensões. Para isso, é necessária uma liderança sensível e voltada para o futuro.

Foi o que aconteceu com a Caterpillar, uma importante empresa multinacional que opera no setor altamente competitivo dos equipamentos de construção, energia e mineração. A empresa tem evitado demissões em massa, adaptando-se às mudanças de tecnologia e mantendo a organização unida. O segredo do sucesso? A cultura da Caterpillar e os valores que a equipe e a gerência valorizam. A Caterpillar trabalhou arduamente para entender sua equipe e clientes e não acelerou o processo. A empresa adotou uma abordagem passo-a-passo para construir uma cultura profundamente enraizada e resistiu às demandas de *stakeholders* externos para mudar e obter resultados a curto prazo. Esse é um exemplo de bom uso do QE.

Quando perguntado, um dos gerentes seniores da Caterpillar nos disse que criar uma cultura de engajamento positivo requer tempo e estímulo para que seja possível promover a defesa dos valores profundamente enraizados de respeito e de preocupação com as pessoas. Na verdade, os valores da Caterpillar, acolhedores como são, giram essencialmente em torno de um tema central: a qualidade. Qualidade do produto, do serviço, da organização e das relações internas e externas. Para a Caterpillar, detectar onde as coisas dão errado e lidar com elas de maneira pró-QE é tão importante quanto acertar na estratégia.

Um executivo da Caterpillar identificou os principais componentes de sua tão admirada cultura, como:

- viver os valores da empresa, em particular a qualidade, desde a sua criação, em 1917;
- ter um envolvimento significativo com os *stakeholders* internos e externos;
- mostrar um profundo respeito nas relações com todas as pessoas;
- promover a transparência e a equidade;
- lidar com estratégia, questões operacionais, valores e responsabilidades com os outros como se representassem a única forma possível de trabalhar; e
- valorizar a administração responsável como abordagem fundamental para a liderança.

Essas duas organizações, e outras semelhantes, operam com um certo conjunto de direitos humanos intrínseco dos empregados, incorporados em suas estruturas e cultura. Há o direito de ser ouvido, de fazer comentários que contribuam para a qualidade e de ser respeitado pelos outros. Todos esses fatores acabam resultando na prestação de um serviço de excelência, mas apenas algumas organizações fizeram a ligação entre o que fazem, os direitos humanos e os resultados melhorados. Tais condições tendem a florescer sob uma forma de liderança chamada de "administração", que se baseia em cuidar das pessoas e da organização e se preocupar com elas de maneira abrangente .

Do mesmo modo, a empresa de telecomunicações alemã Deutsche Telekom evitou o destino da British Telecom (bt), que sofreu demissões generalizadas e foi atormentada por queixas de serviços precários, apesar de ambas as organizações pertencerem essencialmente à mesma empresa. A mentalidade de serviço da Deutsche Telekom tem sido um fator-chave para distingui-la daquilo que muitos consideram ser falta de atenção da bt para com os clientes.

Em um negócio orientado para os serviços, dentro do contexto de um mercado de tecnologia em rápida evolução, a criação de uma cultura de QE deve ser a norma para qualquer organização que queira trilhar um caminho até o sucesso sustentável.

INTIMIDAÇÃO E ASSÉDIO

Viver e aproveitar os valores fundamentais da organização é um dos lados do desenvolvimento de uma cultura de QE eficaz. O outro é enfrentar a crescente incidência de intimidação e assédio. Embora o panorama geral não esteja claro, nossa experiência sugere que a intimidação está aumentando drasticamente em organizações de todos os tamanhos e setores.

A intimidação é uma interação social abusiva entre colegas, e entre os subordinados e seus patrões, que pode incluir agressão, assédio e até mesmo violência. Costuma ser recorrente e é realizada por aqueles que estão em uma posição de poder em relação à vítima.

Um conjunto crescente de pesquisas ilustra uma relação significativa entre intimidação e QE. Um QE baixo, às vezes no agressor ou em sua vítima, parece estar diretamente ligado à prática da intimidação, ou é parte de uma busca implacável de metas de curto prazo que desumanizam o ambiente de trabalho.

A educação em QE pode minimizar substancialmente a intimidação e apoiar iniciativas de intervenção. A exceção é quando o assédio é institucionalizado por meio, por exemplo, da busca incessante por metas transacionais. Quando predomina uma cultura de cumprimento dos objetivos a qualquer custo, é necessário redesenhar a empresa, tema abordado em capítulos posteriores.

A atenção a curto prazo e excessiva aos custos geralmente faz com que as culturas de QE não sejam desejadas ou respeitadas. A primeira razão para isso é que a cultura de QE não produz resultados rápidos ou de curto prazo. Em segundo lugar, em um mercado de curto prazo, ser assertivo e exigente são atributos desejados, que naturalmente prejudicam a construção de relacionamentos. Em terceiro, quando uma organização tem estruturas de comando e controle excessivamente elaboradas, como o Serviço Nacional de Saúde do Reino Unido (SNSRU), estimular as pessoas e uma cultura de trabalho em equipe são atitudes que estão subordinadas à adesão a procedimentos e protocolos. Para conseguir uma consulta do SNSRU é preciso ir ao seu clínico geral (CG), que deve, então, escrever uma carta a um intermediário, que, por sua vez, responde a outro médico, que escreve de volta ao CG original, que finalmente o coloca em uma lista de espera de dois meses. E tudo isto só acontece se você tiver sorte.

Na Alemanha, em comparação, esse mesmo procedimento requer um breve telefonema e, duas horas mais tarde, os médicos competentes já podem recebê-lo. As restrições estruturais verificadas no sistema do Reino Unido são contornadas na Alemanha através de recursos focados na prestação de cuidados aos doentes. Em contrapartida, no Reino Unido, uma massa de gerentes dedica-se especificamente ao controle dos custos, o que aumenta substancialmente as despesas gerais e, pela sua própria natureza, desvia a atenção dos serviços de primeira linha. Em uma cultura como essa, o QE é efetivamente eliminado, e os funcionários atraídos por esse tipo de ambiente tendem a valorizar o controle. Por implicação, a intimidação pode se tornar uma forma rápida e fácil de fazer as coisas.

A exposição contínua a uma cultura de assédio leva indivíduos a acreditarem que tal experiência é normal. Como resultado, na maioria das vezes, quando são acusadas de intimidação e assédio, as pessoas simplesmente não conseguem acreditar. No entanto, se observarmos o comportamento delas, a questão fica rapidamente clara. Muitas vezes, elas pensam que estão fazendo o melhor para a empresa e dizem que, se não houvesse alguém como elas administrando e conduzindo através de decisões desagradáveis, então a organização iria vacilar e se deteriorar. Aqueles que não intimidam dizem o mesmo tipo de coisa, mas o seu comportamento se baseia em um caso bem fundamentado, com instruções transparentes e respeitosas, apesar da pressão das circunstâncias. São estes últimos indivíduos os profissionais verdadeiramente extraordinários.

A norma nas culturas de assédio é que a intimidação ocorre em toda a organização. Isso não significa que ela não seja tratada nessas culturas. Ela é. Os incidentes de intimidação no nível inferior da hierarquia de gerência podem ser tratados através da adesão aos protocolos da empresa ou numa base caso-a-caso. Isto é, se eles vierem à superfície. A baixa incidência das denúncias de intimidação, devido ao medo de perder o emprego ou de ser estigmatizado, é uma grande preocupação nas culturas afetadas pelo assédio.

A intimidação e o assédio moral, quando iniciados pelo CEO ou gerente geral com o objetivo de extrair da empresa o que há de melhor nela, é uma questão altamente sensível de abordar. O que é visto como "o melhor para atingir os objetivos" muitas vezes resulta em uma cultura que necessita desesperadamente de maior transparência e trabalho em equipe para continuar funcionando. O senso de iniciativa e inovação são corroídos. A confiança das pessoas diminui. A organização declina muito lentamente, mas, assim como o "sapo em águas cada vez mais quentes", os que estão lá dentro habituam-se a essa forma de operação. Aqueles que são mais resilientes e capazes, partem. O mais angustiante é que muitos ficam e sentem que serem abusados emocionalmente é uma experiência normal.

FUNDAMENTALMENTE QE

Independentemente de ser algo naturalmente enraizado em alguns indivíduos, enquanto precisa ser aprendido por outros, o QE é, sem dúvida, uma habilidade fundamental para o trabalho e para a vida. O que você entende sobre si mesmo através dos outros só pode ser fortalecido através de um desenvolvimento ainda maior das qualidades relacionadas.

Quando se torna parte da missão organizacional, o QE eleva o desempenho a um nível diferente. O domínio da John Lewis Partnership deve-se ao fato de ela ser a melhor empresa quando se trata da prestação de serviços. Como resultado, a Waitrose, uma parte de John Lewis, tornou-se a varejista de alimentos que mais cresce no Reino Unido. Da mesma forma, a Caterpillar é líder em seu setor devido ao valor de qualidade profundamente enraizado em sua cultura. As poucas organizações que genuinamente utilizam o QE fazem como um bem inerente e, dessa forma, oferecem serviço e qualidade.

O QE precisa ser baseado em valores fundamentais profundamente enraizados, e são poucas as organizações capazes de fazer isso. Neste sentido, ele atua como um guia essencial para os valores fundamentais que os líderes desejam incutir em sua organização. No entanto, poucas organizações migraram para uma posição na qual o QE tenha se tornado um valor tão central a ponto de permitir que todos estejam satisfeitos. Naturalmente, um CEO mais pragmático poderia perguntar qual o valor que o QE tem a oferecer. A resposta pode ser difícil de justificar, porque a mentalidade do CEO muitas vezes segue a linha do "Eu preciso gerar resultados", e ainda leva em conta o "A empresa não está aqui para ser simpática com as pessoas, mas sim para dar resultados". Tecnicamente, isso é verdade. Determinar e justificar o valor pode ser difícil. Os resultados a longo prazo devem ser enfatizados, mostrando claramente a ligação entre as interações individuais e de equipe e o resultado desejado, que provavelmente não será um ganho de curto prazo. O efeito positivo do QE está no crescimento de uma cultura que é sensível às oportunidades de aproveitamento. Nenhum resultado imediato está garantido, mas tanto a equipe quanto a direção estão prontas para pôr de lado as diferenças, discutir abertamente os assuntos e aproveitar as oportunidades à medida em que elas forem surgindo.

Há uma linha tênue que divide a intimidação da assertividade como forma de manter a força de trabalho devidamente focada. Se o CEO está alcançando os resultados exigidos, mas as pessoas estão constantemente saindo e sendo substituídas, isso torna difícil julgar o sucesso da organização de maneira precisa.

O valor do QE é definido pelos níveis de serviço, motivação e interação bem-sucedida com clientes e *stakeholders* que podem ser alcançados. Quando os produtos e custos são sustentados por uma boa estratégia, há um significado maior, porque o argumento do QE beneficia uma cultura na qual as pessoas trabalham em conjunto de maneira mais eficaz e prestam melhores serviços. O ponto inegável sobre QE é que não se pode dizer que tratar bem as pessoas vai fazer com que sua organização tenha um desempenho ruim em qualquer sentido.

Considere a Ryanair, que não tem uma boa reputação quando se trata da gestão das expectativas e serviço ao cliente. Em comparação, Caroline McCall, CEO da principal concorrente, a EasyJet, entrou no negócio sem experiência em companhias aéreas e criou uma empresa ligeiramente mais cara em termos de voos, quando comparada à Ryanair, mas que é vista como consideravelmente mais bem sucedida no serviço ao cliente. Como ela conseguiu isso? McCall foi nomeada em parte devido à sua vasta experiência no atendimento ao cliente, tendo sido anteriormente CEO do Guardian Media Group, que tem uma reputação que protege a capacidade do jornal *The Guardian* de expressar opiniões independentes, ao contrário de muitos outros jornais.

Ao assumir a EasyJet, uma das primeiras ações de McCall foi voar pelas rotas da empresa ao redor do mundo; depois disso ela concluiu que, se a equipe e todo o sistema fossem um pouco mais orientados para o serviço e os clientes não precisassem lutar por seus assentos, os custos adicionais seriam mínimos, mas a retenção atingiria níveis máximos.

A companhia aérea europeia EasyJet é uma excelente ilustração de como mesmo as situações mais impossíveis podem ser revertidas pelos valores do CEO ou presidente através da criação de um ambiente de QE. A mentalidade de McCall é de entrega de valor. Ela analisou a situação e reuniu provas antes de ir ao conselho dizer

"Essa é a proposta", enquanto os críticos perguntavam por que ela estava voando para todos os lugares em vez de estar no escritório. Em um mercado saturado e orientado para os custos, McCall saiu completamente do lugar-comum. Isso é o QE em ação.

O QE exige que estejamos todos dançando no mesmo ritmo. A analogia é que se consegue aplicar bem o QE em um time de futebol, mas ele não funcionaria tão bem na sala de reunião de um clube porque todo o time se une para marcar gols (um único objetivo), mas a direção está lá pelo futebol, para ganhar dinheiro e para gerir o negócio (múltiplos objetivos).

Como a analogia do futebol sugere, o problema com o QE é que ele não parece funcionar tão bem nos níveis de gerência sênior, já que um desalinhamento ocorre quando os líderes não conseguem concordar com o objetivo mais importante (ganhar partidas de futebol ou equilibrar as contas) ou com a definição da vantagem competitiva. Em contraste, a Caterpillar e a EasyJet destacam o QE como um problema crítico da sala de reunião, adotando efetivamente a perspectiva de longo prazo, tendo um senso claro de missão e estimulando, para a grande maioria, uma cultura de fatores de segurança orientada para a performance.

PONTOS DE AÇÃO

As habilidades de QE — a maneira como formamos relacionamentos, confiamos uns nos outros, nos mantemos abertos e usamos o charme — são essenciais para construir uma equipe forte.

- Avalie seu QE de liderança:
- Como você pode se envolver de forma significativa e profunda para que a confiança seja construída em sua organização e a autenticidade possa florescer?
- Qual é o principal objetivo unificador que a sua liderança pretende alcançar?

- Se há vários objetivos associados à sua função, como você pode implementar o QE para apoiá-los sem comprometer a sua autenticidade?
- Quem são as pessoas-chave de quem você precisa para gerar valor e como você pode usar o seu QE para apoiá-las?

3

QP: TRABALHANDO ATRAVÉS DA POLÍTICA

Treinada como advogada e engenheira, Jilly tinha disposição tranquila e mente afiada. Em muitos aspectos, ela era a última pessoa que alguém consideraria uma *player* política. Foi também a primeira mulher a ser nomeada presidente de uma prestigiada empresa de tecnologia da informação (TI). O ex-presidente também ocupava o cargo de CEO. Ele havia saído da empresa rico, mas com uma questionável reputação, relacionada à qualidade do serviço e entrega. A sua estratégia de crescimento foi impressionante. Foram concedidos bônus aos profissionais de alta performance. No meio de tudo isso, o serviço, o trabalho em equipe e o dever de cuidado foram perdidos. Tanto o governo como os acionistas reconheceram isso e, quando ele saiu, separaram o papel de presidente do de CEO. Como a nova presidente, Jilly reconheceu a enorme necessidade de restabelecer os valores do serviço e do cuidado com a comunidade.

"Nesta nossa nova fase, peço a todos que contribuam com este conselho e, especialmente, que expressem suas opiniões abertamente. Não quero um conselho dividido. Por esta razão, peço que vocês contribuam e que haja um senso de responsabilidade por parte do gabinete nas decisões que alcançamos."

Jilly sabia que os velhos hábitos demorariam a morrer, mas trabalhou lentamente para induzir uma cultura de discussão aberta no conselho. No entanto, nos bastidores, as reuniões individuais entre diretores continuaram, embora com menos frequência do que com o presidente anterior. Ela reconheceu que as formas contraditórias de fazer as coisas estavam profundamente enraizadas na empresa, e que os não-executivos estavam muito felizes em viver com duas formas diferentes de operar. Então, decidiu fazer o mesmo.

Em uma futura revisão do conselho, e como parte de nossa pesquisa, os não-executivos falaram sobre o progresso que estava sendo feito.

"Sim, ela é boa, muito boa. Há um novo burburinho na sala de reunião. Agora estamos, de fato, abordando aquilo que ignorávamos antes. Desafiamos a gestão positivamente, e eles acreditam que se beneficiaram disso. Ela sabe o que quer e sabe como conseguir, mas até ela mudou. Às vezes, é poderosa nas reuniões do conselho; outras, tem uma conversa tranquila ou um jantar com alguns de nós, em particular. Ela é aberta e fechada, *player* de equipe e política. Tudo está sendo bem feito. Adoramos!"

Jilly, que insistiu em ser chamada de "presidente" como uma declaração de que não era diferente de ninguém, comentou:

"Bem, esse é o sinal de um bom conselho. Eles realmente sabem o que está acontecendo. Uma das coisas interessantes que aprendi ao ser presidente é que, na verdade, eu vejo tudo. Vejo onde estão os pontos fortes e onde prevalecem os pontos fracos. Portanto, cabe a mim moldar um entendimento comum neste conselho, e este aprendizado não tem sido fácil. Para melhorar as coisas na empresa, preciso do envolvimento total do conselho. Assim, quando se trata de questões sensíveis, olho para o meu conselho e me pergunto quando iremos encerrar o tópico. Às vezes isso pode acontecer nove meses à frente. Por isso, penso em doze reuniões do conselho para o futuro. Entretanto, faço o que for preciso para chegar a esse acordo total, ainda que outros possam pensar que me comportei de forma estranha. Mas nunca comprometo a minha ética nem meus valores. As minhas intenções são sempre honrosas, e creio que é por isso que os meus colegas me aceitam e me permitem fazer as coisas que faço."

Política consiste em negociar o impossível para que se torne possível. Significa também aproveitar os conjuntos de sensibilidade e empatia das competências de QE, que devem ser adotados em circunstâncias em que haja um desalinhamento de interesses. Nesse sentido, a política tem a ver com a reformulação do pensamento, especialmente quando não é provável que uma conversa aberta funcione. Então, ela é como o QE, mas com uma agenda.

A BUSCA PELO POSSÍVEL

Política é essencialmente a negociação do impossível ao possível. É um processo de discussão, aberta ou encoberta, que acontece para que se chegue a algum tipo de acordo, harmonia ou caminho a seguir, especialmente quando as agendas se desalinharam. Envolve lidar com complexidades e diversidades quando poucos estão dispostos a mudar de posição. É o processo final de negociação que reúne os desafios claros e obscuros da vida organizacional.

Se o seu papel é o de CEO ou chefe de departamento, unir várias equipes a fim de alcançar um alinhamento de pensamento e sistema é o seu trabalho. Isso permite que os recursos sejam usados de forma eficaz para atingir metas e objetivos.

Esse equilíbrio bem afinado se chama política. Isso também envolve a negociação entre várias "lógicas" diferentes, muitas das quais podem fazer sentido ao serem consideradas individualmente, mas, quando reunidas, há uma incompatibilidade. Não importa o fato dessas lógicas serem incompatíveis. Você precisa lidar com as relações entre as pessoas, que, muitas vezes, têm interesses muito diferentes. A política é uma negociação.

Existe uma outra arena, entre a organização interna e as demandas externas aplicadas sobre ela. A organização interna inclui processos diários, sistemas e a estrutura essencial do negócio. As exigências externas muitas vezes atravessam tudo isso, o que levanta a questão: "Como é possível satisfazer o cliente quando temos procedimentos e protocolos de compra em que as despesas das pessoas nem sequer podem ser pagas a tempo?"

Isso requer um processo que entenda e aprecie que a política é essencialmente uma negociação, que envolve uma forma particular de pensar e uma série de passos e comportamentos-chave. O gestor político é alguém que está profundamente preocupado com a criação de valor, porque compreende a sensibilidade envolvida no ato de trabalhar em várias culturas e mentalidades diferentes que não estão alinhadas. Também estão cientes de que essa situação não vai mudar, e que precisam equilibrá-la com a opinião de pessoas que vêem a política como desagradável, suja e sem valor.

A realidade é que somos todos políticos. Todas as pessoas de uma organização coexistem em um mundo politizado. Somos todos políticos, embora alguns sejam mais competentes do que outros.

Este ponto é explicado por Andrew Kakabadse em seu livro anterior, *The Politics of Management*. Os sociólogos e cientistas políticos americanos reconheceram que as crescentes organizações nacionais e multinacionais eram, de fato, uma minirréplica de um Estado. Complexidade, tamanho e uma série de interesses precisam ser aproveitados para que se tenha uma empresa competitiva. Assim, os primeiros trabalhos sobre política e organizações vieram da política de desenvolvimento comunitário, e pode-se ver o porquê: o engajamento entre os vários interesses é vital para o crescimento e progresso da empresa e da comunidade.

E a política é pessoal. Pense na relação entre subordinado e chefe e na qualidade da relação entre os dois. Um líder que não é politicamente astuto pode ser altamente prejudicial às aspirações de carreira de uma pessoa. Como conseguir uma acomodação política, se eles não concordam? Pode haver estilo, ego e diferenças de percepção em jogo. Acrescente a isso uma personalidade excessivamente racional e pouco envolvente, em oposição a alguém que está tão preocupado com o engajamento que está sempre pisando em ovos, e você acabará ficando com abordagens que podem resultar em perda de respeito, já que o chefe não oferece uma direção clara ou empatia por suas circunstâncias.

John, um homem bem-intencionado e respeitado, era muito dependente dos cálculos. Os números haviam sido claramente capturados e o caso, apresentado de forma lógica. Mas ele deixou a audiência fria. Isso levou a uma crise. O tratamento da reclamação de um cliente começou com John reiterando os números, mas a sua diretiva foi interrompida abruptamente pelo cliente, que ficou irritado pelo fato de os seus sentimentos terem sido ignorados e a sua situação não ter sido compreendida. O cliente saiu da reunião deixando claro que iria apresentar uma queixa ao chefe de John.

Aquele não estava sendo um bom dia para o chefe de John. Outro membro da equipe estava lutando para que um dos seus talentosos e promissores funcionários fosse promovido. Na reunião de talentos, vários gerentes estavam defendendo duramente os seus protegidos. A fim de suavizar o clima na sala, um profissional em ascensão foi colocado na lista de espera para as promoções do próximo ano em favor do protegido de outra pessoa. Aconteceu que o cliente irado invadiu o escritório do chefe de John, e foi seguido pelo gerente cujo protegido ficou desapontado. Algumas vezes, ser politicamente hábil nem sempre funciona.

POR QUE O RACIONALISMO DETESTA A POLÍTICA

A palavra "política" vem da antiga *polis* grega. *Politikós* é o que é relativo ao "cidadão". Nada mais é do que as relações entre pessoas que operam em diferentes contextos. Levando em conta estes dois conceitos, é possível ver como a política pode, em grande medida, ofender o racionalismo. Levanta-se a questão de que aqueles que estão no topo nem sempre estão certos. O racionalismo abomina a política porque, o que quer que esteja sendo feito, deve estar fundamentalmente aberto a questionamentos.

Por que tantas pessoas tem dificuldade para entender que a política é simplesmente um reflexo da complexidade? Em retrospectiva, é por muitos reconhecerem que foram ingênuos e motivados pelo racionalismo como uma forma de pensar na hora de tomar decisões.

Como afirmado anteriormente, no mundo dos negócios o racionalismo foi popularizado na década de 1920, pela Escola de Economia de Chicago, e se baseava nos princípios da observação científica, como foram definidos pelo trabalho de Isaac Newton. Tradição britânica que remonta ao século XVIII, o racionalismo consiste em olhar para alguma coisa e medi-la. Ao fazê-lo, chegamos a uma compreensão mais clara e estabelecemos um caminho lógico para a frente a partir do reconhecimento da verdade.

Em termos filosóficos, isso é chamado de positivismo, ou "fazer o que é certo", e essa forma de pensar tem sido imbuída no comportamento dos alunos das escolas de negócios nas Américas, no Reino Unido, na Europa e na Ásia durante muitos anos. No entanto, há um reconhecimento crescente de que o racionalismo e o positivismo simplesmente não refletem a realidade e a razão da vantagem competitiva no setor privado nem a entrega de valor no setor público e nas ONGs.

O sócio sênior de uma empresa de consultoria de renome mundial queria oferecer uma "solução completa" para seus clientes. O pacote envolvia a prestação de serviços e, em seguida, o apoio através de treinamentos. Uma boa ideia, mas nunca tinha sido testada. Alguns países parceiros apoiaram esta iniciativa. Outros disseram que não funcionaria lá. A razão? A imagem de marca da empresa naquela localidade. A formação e o desenvolvimento não foram encarados pelos clientes como uma oferta central do escritório. O comentário dos países parceiros foi: seja seletivo e veja onde esse tipo de iniciativa pode funcionar.

A sugestão foi ignorada. A busca para recrutar centenas de profissionais de treinamento de alto preço havia começado. Incapazes de entregar o pacote, alguns dos parceiros de alta performance e alta remuneração renunciaram e se juntaram a empresas concorrentes. Alguns ficaram, mas resistiram, e foram afastados. No ano seguinte, a empresa perdeu 15% dos seus sócios com maior remuneração e mais de 600 milhões de dólares em negócios para os concorrentes. O novo pacote de soluções precisou ser eliminado. Perda total: 850 milhões de dólares, e tudo isso para quê? Porque o sócio sênior não reconheceu que, em uma empresa de serviços complexos, a vantagem competitiva significa algo diferente dependendo da localidade. Esse é o clássico conflito racionalismo *versus* contextualismo.

Não existe uma plataforma lógica que possa ser utilizada para orientar organizações complexas, grandes e muitas vezes internacionais. Em vez disso, a alternativa ao positivismo é o contextualismo, que foi defendido pelo filósofo Aristóteles. Ele disse que você pode racionalizar o quanto quiser, mas só terá algum entendimento após entrar na casa de alguém, ver como ele vive e reforçar os valores particulares dele. É o contextualismo, argumentou Aristóteles, que impulsiona as pessoas para a frente. O racionalismo, ao contrário, é um conceito destrutivo que, na verdade, o impede de enxergar a realidade que está na sua frente.

Isso significa que a vida e o trabalho consistem em múltiplos contextos trabalhando em conjunto. Aristóteles disse que é preciso uma pessoa de considerável habilidade e inteligência para navegar através disso, exigindo clareza de pensamento e análise para se concentrar em um objetivo singular. O contextualismo permite que o indivíduo trilhe o seu caminho através dos múltiplos interesses de maneira a alinhá-los, e Aristóteles popularizou os comportamentos políticos dos indivíduos e das cidades-estados como mecanismos-chave da criação e da comunidade. Ele observou que, a menos que seja politicamente astuto, você não chegará a lugar nenhum.

Nós somos treinados em racionalismo nas escolas de negócios, mas precisamos reaprender todas as nossas habilidades quando chegamos ao topo, em termos de contextualização. Qual é o princípio do racionalismo, no que diz respeito às empresas e organizações, quando aplicado ao setor público? Ele está fundamentalmente focado em acertar a estratégia. Você pode não gostar da estratégia, mas ela é o que é. Após acertar a estratégia, o próximo passo é definir a maneira como ela deverá ser executada. É nessa fase que se tenta o engajamento, e não se trata do que você sente, mas sim do que você irá fazer e de como a mensagem é transmitida em cascata.

Ninguém questiona a importância da estratégia, mas igualmente importante é ver se as organizações se engajam com a realidade, porque, até que elas façam isso, nada vai acontecer.

TRABALHAR ATRAVÉS DA POLÍTICA

Uma nova linha de serviços estava sendo analisada pelo exigente procedimento de controle de qualidade da empresa. A oferta sobreviveria ao escrutínio? Os diretores da empresa sabiam que não poderiam entrar nesse novo mercado até que o devido processo fosse concluído. O caso abrangente e baseado em evidências foi examinado por uma série de comitês, cada um determinando a viabilidade da nova oferta do ponto de vista dos setores de vendas, marketing e qualidade do produto. As sugestões de melhoria foram pronta e positivamente adotadas. Apesar do apoio do resto da organização, o diretor de controle de qualidade não parecia convencido. Além de exigir um exame mais minucioso para a nova oferta, ele levou muito tempo para responder e-mails e telefonemas. Até o ouviram dizer: "Esta oferta não vai decolar". Apesar dos fortes indícios, a única forma de contornar o diretor de controle de qualidade era fazendo lobby e política. Os colegas da equipe que apoiava a nova linha de serviços concordaram em dar seu total apoio, e esse pensamento deveria ser capaz de convencer o CEO. Da mesma forma, o diretor de controle de qualidade iniciou sua própria campanha separada, minando a nova oferta. A desconfiança cresceu. Os colegas se sentiram intimidados e começaram a reclamar. Eventualmente, o CEO exigiu que a nova oferta de serviços passasse por uma fase final de escrutínio. A aprovação foi dada, e ela passou a ser oferecida aos clientes.

À primeira vista, a equipe que defendia a nova linha de serviço venceu. Na realidade, porém, ninguém ganhou. As relações tinham se deteriorado e levariam muito tempo até que se reestabelecessem. Enquanto isso, o apoio a novos produtos e serviços não se concretizaria. Dadas as circunstâncias, as políticas aplicadas tornaram o resultado negativo inevitável. Se o caso tivesse sido inteiramente examinado com base em provas, as relações teriam permanecido positivas e profissionais. Em vez disso, a política se tornou personalizada. A lição é "afaste-se da política personalizada e seja guiado pelas evidências". Se nada acontecer, pelo menos a sujeira que surge da política negativa é minimizada.

Em muitas organizações o desalinhamento se manifesta rotineiramente em uma abundância de políticas organizacionais.

O verdadeiro teste é perguntar aos GGs de dois níveis abaixo se eles sabem o que está realmente acontecendo. Normalmente, a história é bem diferente do que se ouve no conselho. Muitas vezes, você vai descobrir que a política é uma realidade profundamente enraizada na organização.

O *Oxford English Dictionary* define política como "atividades relacionadas à aquisição e exercício de autoridade ou governo". Até certo ponto, ela é inevitável. Mas como pode e deve ser gerida?

Há dois mecanismos principais a se considerar. O primeiro é o poder e o segundo é a política. O poder é uma alavanca, e é vital compreender a melhor forma de usá-lo como parte de um exercício de acúmulo de recursos e criação de dependência.

A política demanda uma aceitação do contexto, porque, se você não aceitou o que está acontecendo, depois das negociações provavelmente haverá um problema pior do que se elas nunca tivessem começado. Você ficará mais irritado, pois se sentirá manipulado.

O poder é diferente da política na medida em que envolve o potencial de usar recursos específicos para alcançar fins específicos.

AS CONDIÇÕES DE UTILIZAÇÃO DA ENERGIA

O poder é comparável a um trampolim que te impulsiona a agir. Isso significa que é importante considerar as condições que influenciam o porquê, o quando e o onde agir. Há quatro condições-chave:

1. Recursos

O exercício do poder envolve o uso de recursos. Eles podem estar sob o controle de um indivíduo ou da organização. Alguém que tenha autoridade para recomendar a promoção ou rebaixamento de qualquer pessoa classificaria esse poder como um recurso organizacional e poderia exercer esse poder como funcionário da organização.

Em contraste, o poder dos recursos pessoais pode variar entre riqueza, inteligência, conhecimento e aparência física. Independentemente do recurso utilizado, o uso desse poder permite que um indivíduo influencie o pensamento, o comportamento e as atitudes dos outros.

2. Dependência

A capacidade de influenciar os outros através da utilização de recursos só é alcançada se os influenciados necessitarem dos recursos em questão ou forem atraídos por eles. É provável que a necessidade de um determinado recurso torne uma pessoa dependente do administrador dele. Por exemplo, não é raro que os bancos influenciem as nomeações para a gerência sênior em empresas clientes.

Um consultor de um conhecido banco de investimento de Londres foi convidado para participar de um jantar no qual os gerentes seniores do banco hospedavam a alta gerência de uma empresa que estava prestes a cotar as suas ações no mercado. O banco era o agente na flutuação.

A noite passou tranquilamente; os gerentes da empresa e, por um período, o diretor de finanças corporativas do banco, o diretor administrativo (DA) e o CEO da empresa cliente estavam conversando. O consultor notou que o CEO não parecia confortável.

Aparentemente, o diretor de finanças corporativas e o DA tinham indicado claramente ao CEO que, se eles aprovassem e investissem dinheiro na flotação, insistiriam para que ele mudasse o diretor financeiro. Não achavam que o atual estivesse à altura do cargo. Apesar do fato da empresa ser o cliente e do CEO ter nomeado pessoalmente o diretor financeiro, o indivíduo foi despedido. O CEO dependia mais dos recursos do banco do que de seu diretor financeiro.

3. Fontes alternativas de recursos
A disponibilidade de recursos alternativos influencia a capacidade dos indivíduos de utilizar fontes de energia. Se um indivíduo pode recorrer a outras pessoas capazes de fornecer recursos alternativos ou canais de influência, a dependência dele em relação à sua fonte original é reduzida.

4. Aceitação do contexto
A discussão a respeito do uso de recursos de poder está, muitas vezes, confinada entre aqueles que detêm recursos e aqueles que precisam de recursos. No entanto, há muitos espectadores interessados e influentes. Esses *stakeholders* podem ou não gostar da forma como o poder é exercido, ainda que não estejam diretamente envolvidos nas transações. Podem ficar ofendidos caso testemunhem comportamentos que considerem inadequados.

Portanto, uma consideração adicional é obter a permissão tácita desses *stakeholders* "gerais". Se esses importantes indivíduos desaprovarem o que está acontecendo, é improvável que algo surja imediatamente; mas tende a crescer um corpo de opinião contra o detentor do poder, marginalizando, ao longo do tempo, o indivíduo e sua influência. Basicamente, a mensagem será: "Não faça negócios com este sujeito!"

Considere a maneira como o líder do partido trabalhista britânico, Jeremy Corbyn, aborda a liderança política. Em sua primeira conferência partidária como líder, prometeu embarcar em uma nova forma de política, destinada a criar um país "mais gentil".

Com a promessa de quebrar o domínio estabelecido da classe política, Corbyn afirmou querer que as opiniões das pessoas comuns fossem reconhecidas, enquanto apelava a uma "abordagem mais inclusiva e ascendente" em todas as comunidades e locais de trabalho, não apenas em Westminster. Acrescentou que "é necessário um verdadeiro debate, um discurso franco e honesto" e não apenas entrega de mensagens.

Em sua primeira participação nas Questões ao Primeiro-Ministro, Corbyn deu dois passos fundamentais, apelando ao fim da política *Punch and Judy* e fazendo perguntas ao Primeiro-Ministro, David Cameron, fornecidas pelo público. Em primeiro lugar, o auto declarado socialista democrático pediu o fim da teatralidade entre os líderes trabalhistas e conservadores, optando por um debate menos conflituoso e mais civilizado.

O movimento ganhou pontos de muitos eleitores desiludidos com a briga e a pompa entre o governo e a oposição, ao invés de um discurso mais profissional sobre os assuntos em questão, na Câmara dos Comuns.

As perguntas que Corbyn dirigiu a Cameron foram fornecidas por britânicos comuns: Marie, sobre a falta de moradia acessível; Stephen, um trabalhador da associação de habitação, alertou sobre uma redução nos níveis de pessoal; e Paul, sobre os cortes nos créditos fiscais.

O líder trabalhista explicou: "Participei em muitos eventos em todo o país e conversei com várias pessoas sobre o que pensavam daqui, do nosso Parlamento, da nossa democracia e da nossa conduta neste lugar.

"Muitos me disseram que consideravam o período de perguntas ao Primeiro-Ministro excessivamente teatral, que o Parlamento estava desfasado e que queriam que as coisas fossem feitas de forma diferente, mas, acima de tudo, queriam que a voz deles fosse ouvida no Parlamento."

Estranhamente, e em contraste com o que Corbyn disse, o poder não precisa aceitar o contexto. Um trabalhador não tem que aceitar o que um líder está fazendo, porque o líder fará de qualquer maneira.

Nesse sentido, o poder político é uma coisa pessoal que pode ser usada negativamente, e o papel e o status podem ser utilizados para buscar uma reverência inapropriada. Sem um processo de engajamento que reconheça e agradeça aos outros por suas conquistas, um líder impulsionado pelo poder fará com que as coisas aconteçam, usará as pessoas para alcançar seus objetivos ou afastará aqueles de quem não gostam. O poder sem política resulta em uma cultura desagradável e divisória. Por outro lado, o poder pode ser uma força positiva de desenvolvimento, que se preocupa com o progresso das pessoas e serve para criar uma cultura coesa. Em tais circunstâncias, burocracia, contratos e intimações adquirem um valor secundário para a confiança e o entusiasmo.

Se o chefe lhe pede para fazer algo em que ambos não acreditam, vocês irão sentar para conversar sobre isso. Então você aceitará o que foi dito, mas a relação ficará danificada. Você até fará o que foi pedido, mas continuará se perguntando: "Por quê?"

Neste sentido, a política é uma obrigação. Entendemos que o poder é essencial para mudar estruturas e atitudes, e que você talvez precise usar seus pontos fortes e recursos para governar pessoas dentro ou fora do processo. Mas, se isso não for bem feito, como é possível garantir que uma organização se torne mais sustentável e positiva do que era antes?

O poder sem política enfraquece a capacidade de conquistar o engajamento necessário para respaldar o caminho a ser seguido. Com efeito, o método do processo é ineficaz e resulta em uma organização insatisfeita. Por outro lado, utilizar uma abordagem mais sutil de engajamento pessoal possibilita um resultado bastante diferente. Pode haver alguma dor envolvida na obtenção de resultados organizacionais, mas as pessoas olharão mais positivamente para o futuro. O método e o comprometimento são partes sobrepostas desta viagem. O comprometimento é um processo pessoal, em que você se responsabiliza pessoalmente com o que está acontecendo. Método é o processo cumulativo de comprometimento de todos aqueles que estão ligados à organização.

Parte do método é o trabalho e a aceitação de novas estruturas, formas de operar, papéis, tarefas e sistemas de recompensa. O comprometimento é altamente pessoal, dependendo do que está acontecendo com os papéis individuais, enquanto o método ocorre à medida em que a organização se habitua a mudanças mais amplas e descobre como fazê-las funcionar.

Há uma diferença interessante na maneira como as organizações baseadas em missão e visão fazem política. Em uma organização baseada em missão, a política é usada como um meio de gerenciar desalinhamentos e tensões a respeito da entrega de valores. É o mecanismo pelo qual a realidade do que está acontecendo no terreno é transmitida à liderança e vice-versa — o que a liderança exige de seus *stakeholders* também é negociado. Em uma organização baseada na visão, a política é o processo pelo qual diferentes indivíduos procuram promover a sua posição e exercer a sua vontade — visão — sobre o resto da organização.

É mais provável que a organização baseada na missão experimente o lado positivo da política, que requer trabalho através de complexidades e *stakeholders* que não estão continuamente alinhados para que o engajamento positivo surja. A alternativa é usar a política destrutiva para dividir e isolar as pessoas a fim de fazer as coisas do seu próprio jeito.

Uma das principais áreas políticas é entre a governança e a estratégia. Surge a questão sobre o que a governança deve fazer em termos de supervisão e o que a equipe de executivos ou o conselho devem fazer em relação ao seu pensamento de entrega de estratégia. Existem ainda outras importantes áreas políticas entre o centro corporativo e o funcionamento dos negócios, entre os secretários permanentes e os respectivos departamentos da função pública, bem como entre os diretores-gerais, que têm funções diferentes abaixo deles. Esses são os dois pontos fundamentais do funcionamento político que precisam ser trabalhados.

A velha teoria diz que, se uma organização definir bem a sua estratégia, então todo o resto dará certo. Isso era algo que estava tão profundamente enraizado na alma dos líderes, que realmente funcionou durante um período. Mas, mesmo na década de 1950, as coisas que deveriam ter acontecido não aconteceram, e os acadêmicos começaram a reconhecer que era esse o caso. Eles procuraram por respostas alternativas no trabalho dos analistas políticos e descobriram que as condições e processos necessários para promover engajamento entre diferentes interesses em comunidades locais, ao invés de nacionais, quase espelhavam as circunstâncias das corporações em expansão contínua.

Essa mesma ideia não se aplicava às empresas familiares — em grande medida porque, em geral, não apresentam complexidade, devido à dimensão reduzida. No entanto, foi reconhecido, na década de 1950, que ocorrem interações políticas entre os membros da família e, se elas não forem bem administradas, podem acabar prejudicando o negócio e destruindo a família.

A partir da década de 1950, a política na gestão passou a ser reconhecida como um tema. Nos anos 1970 e 1980, um ponto de interrogação começou a ser levantado, observando que às vezes era necessário um comportamento encoberto para que as pessoas se reunissem e discutissem o que precisava ser feito. Isso ofendeu o pensamento racionalista porque, na década de 1990, o crescimento global estava lentamente chegando ao fim. Nessa época, que marcou o início da crise financeira, os mercados de commodities estavam saturados, a inovação estava definhando e o dinheiro estava sendo gerado através do controle de custos.

No final da década de 1990, o fenômeno da centralização havia se firmado lenta, mas firmemente, levando a uma filosofia profundamente controladora e muitas vezes ofensiva. Isso, por sua vez, levou a uma percepção politicamente negativa da política — tanto que ela quase desapareceu completamente da literatura acadêmica e de gestão. Qualquer pessoa que sugerisse que fazer política era algo desejável já era rotulada como negativa, pois ela prejudicava a criação de riqueza, a motivação das pessoas e a estabilidade das equipes. Mas não era esse o caso. A política era, e ainda é, extremamente necessária.

À medida que surgiram os escândalos com as dot-coms, seguidos pela Enron e empresas do mesmo tipo, no início do século, as pessoas começaram a reconhecer que um padrão estava surgindo. Todos esses escândalos mostraram uma falta de lógica no trabalho, seja no papel ou na prática diária. Algo mais também estava acontecendo sob essa vasta infraestrutura organizacional global que estava sendo ignorada ou deixada de lado: uma profunda desconfiança em relação à organização e uma falta de engajamento e gestão que não se deixava desafiar.

ENTREGA DE VALOR ATRAVÉS DO DESEMPENHO

"Precisamos construir a nossa reputação. Não só nós, mas todo o país. Os *stakeholders* estrangeiros precisam confiar em nossa economia e, por isso, devemos abordar as preocupações que todos têm, mas que ninguém ousa tratar."

Era Ibrahim, presidente de uma das agências de conduta financeira, em um determinado Estado do Golfo. Questão sensível? Suborno e patrocínio. Dos dois, o patrocínio foi a maior ameaça para a construção de confiança com investidores estrangeiros.

A nomeação do presidente desta agência estava no centro das preocupações do Governo, que também foi a fonte de patrocínio. No entanto, Ibrahim não devia nada a ninguém. No contexto altamente sensível da política do Oriente Médio, introduziu a avaliação de desempenho, não só para a equipe e para a gerência, mas também para os membros da direção. As nomeações deviam ser por mérito, e ele falava sério.

Uma nova onda de profissionais e gestores altamente capacitados alimentou uma nova cultura orientada para o desempenho, baseada na conversa aberta e no feedback. Os juniores desafiavam os seniores de forma construtiva.

No início, o governo parecia um pouco alarmado com as expressões de independência da autoridade. No entanto, ao notar melhorias no desempenho, o governo tomou nota. Assim como os presidentes dos bancos naquele país. Pela primeira vez, uma onda de processos judiciais contra gestores bancários enviou a mensagem de que os bancos cumpririam as regras internacionais. Tornaram-se evidentes o orgulho em ser profissional, a lealdade à organização e à sua missão, os altos níveis de engajamento e um diálogo positivo com todos os *stakeholders*.

Naturalmente, Ibrahim teve que jogar a política de amaciar o governo, o que por si só era uma tarefa monumental. Mas ele fez isso, e a organização passou a admirar ainda mais o seu presidente. Tratava-se de um homem talentoso ganhando contra todas as probabilidades.

As realizações dele foram notadas. Foi nomeado ministro de Estado, e agora está introduzindo as mesmas reformas no governo.

Todas as organizações agora olham para o seu novo presidente. Sem dúvida, ele é um indivíduo talentoso, mas ainda paira a dúvida sobre sua capacidade de lidar com relacionamentos críticos entre os *stakeholders* e, ainda assim, manter a independência.

Um gerente sênior comentou, "Sim, um homem inteligente, mas será que ele é inteligente o suficiente para lidar com os tubarões lá fora? [Ele estava se referindo a certos presidentes de bancos]. Ibrahim não era político, mas direto. Ele era assim com a gente, mas era tão politicamente brilhante com os outros, que chegavam a pensar que ele não era político. O meu receio com o novo presidente é que ele sucumba e, ao fazer isso, não seja capaz de nos dizer. A situação será invertida. Ele será político conosco, mas não com aqueles que estão lá fora! Eu só queria que alguém conseguisse chegar até ele e dizer qual é o trabalho dele".

Apesar de todos os esforços, certas negociações não avançam bem. Um confronto se aproxima. Uma ou mais partes podem ter que deixar a organização. É preciso ser implacável. No entanto, muitos executivos de *C-level* (CEO, COO etc.) advertem que ser implacável e desrespeitoso leva à perda de amigos valiosos. O profissional de alta performance deve sair do lugar-comum e ser totalmente respeitoso com aqueles que assumem uma posição contrária, agradecendo-lhes pela contribuição, mas enfatizando o dano que pode ocorrer na equipe de executivos e na organização caso as divergênciaas fundamentais de opinião continuem. Quanto mais respeitoso for o executivo, mais provável será que os outros saiam por sua própria vontade, muitas vezes apoiando publicamente a mesma pessoa a quem se opuseram. A política da *C-level* não é uma brincadeira. O futuro da empresa está em jogo. Assim, a política se torna uma experiência profundamente pessoal. Cada um faz à sua maneira. É de suma importância manter o diálogo em circunstâncias adversas. Já vimos quantos executivos *C-level* foram acusados de serem inconsistentes e não-autênticos, mesmo quando não tinham culpa. Muitos reconhecem a inconstância e atribuem-na à natureza volátil das circunstâncias em mudança. No entanto, poucos se sentem inautênticos. Para minimizar tais acusações, é importante conhecer a si mesmo e reconhecer o seu impacto nos outros.

COMPREENDER A POLÍTICA

Mary queria promover John. Philip defendia Celia. Era provável que apenas um fosse promovido no próximo ano. Na reunião, Mary exaltou as virtudes, o histórico e as habilidades de John. Philip fez o mesmo com Celia, mas usou a cartada do gênero — "precisamos de mais mulheres na alta gerência". O conselho de noemações olhou para Mary a fim avaliar sua reação. O discurso dela se baseou no profissionalismo de John, e ele certamente queria que suas conquistas falassem por si. Celia disse o mesmo, mas seu patrão acrescentou aquele pequeno detalhe. O que você faria? Como lidar com essa desconfortável situação política de ter que desafiar uma questão de diversidade de gênero? Na pele de Mary, como você levaria essa conversa adiante?

Às vezes, não adianta ser proficiente em política. A cultura simplesmente não quer mudar. A frustração com a política da empresa pode levar a uma deterioração da disciplina e da relação entre os membros da equipe da alta gerência, como se viu no caso acima. A fórmula de sucesso do "envolvimento vs alinhamento" se desequilibra.

Sem saber o que fazer com as interações negativas que agora se tornam parte da cultura, muitos CEOs e diretores dão atenção indevida às estruturas, processos e procedimentos. Essa é a forma como eles lidam com as tensões e os comportamentos contraproducentes. De todos os estudos que realizamos, a evidência esmagadora é que, em tais organizações, não importa quanto dinheiro seja gasto em alinhamento, o engajamento ainda será zero e, portanto, o resultado final também será zero. A única maneira de abordar as preocupações de engajamento é enfrentá-las e trabalhar através delas.

O recém-nomeado CEO de uma multinacional reconhecida internacionalmente foi informado que o GG da Ásia, alocado em Hong Kong, era o mais difícil de todos os GGs regionais. O GG, Anjit, gerenciava com pulso firme e, de fato, tinha maior performance em termos de vendas, lucratividade, controle de custos e impulso de marketing. No entanto, Anjit não aderiu a muitos dos procedimentos do centro corporativo. Embora fosse considerado o mais impiedoso dentre os GGs, os resultados de sua equipe superavam os de todas as outras. O CEO visitou Hong Kong e encontrou uma organização bem administrada, que resistiu a numerosos processos do centro corporativo: "A sua filial não sabe como administrar um negócio. A sua política e o processo de governança empresarial prejudicaram a minha rentabilidade." Os membros da equipe de Anjit avisaram ao CEO que seu chefe iria embora caso continuasse sendo refreado. Até mesmo Anjit comentou: "Quando eu sair, os executivos da sede virão a Hong Kong, forçarão seus procedimentos, reduzirão a lucratividade e depois irão me culpar pela queda na performance." Sentindo que o novo CEO estava com dúvidas sobre ele, e que aumentaria a pressão para que os procedimentos da sede fossem adotados, Anjit saiu. Assim como previu, a divisão estava 38% abaixo da meta, e os executivos da sede fizeram questão de lembrar ao CEO sobre a resistência de Anjit e a queda na performance. Incapaz de dar uma direção clara a respeito de qual caminho seguir, o CEO foi visto como fraco.

Claro que nem todas as interações e negociações são políticas. Muitas são simples e diretas, nas quais as regras "normais" de engajamento se mantêm. O problema é que para um executivo *C-level*, a normalidade e a previsibilidade são raras. O desafio é transformar o anormal em sucesso extraordinário. Alinhar interesses opostos não é uma forma de maquiavelismo. É uma habilidade *C-level* básica. Trabalhar com incompatibilidades e comportamentos irracionais requer altos níveis de valor moral, sensibilidade e um intelecto profundamente poderoso.

Os denunciantes, para melhor ou pior, foram afastados. Paul Moor, ex-chefe de risco do HBOS, não era um estranho em sua organização. Ele realizou uma pesquisa para ilustrar que a empresa estava profundamente vulnerável e poderia ir à falência e, como resultado, foi demitido por não ser um *player* de equipe. Ele tinha quebrado o *ethos* de como trabalhamos juntos enquanto equipe. Da mesma forma, David Kelly, o cientista e especialista em guerra biológica, foi tão terrivelmente tratado por aqueles que ocupavam posições de poder, que defendiam a guerra com o Iraque, que chegou ao ponto de cometer suicídio. Do governo ao setor privado há uma aversão ao contextualismo e, em particular, à verdade. A verdade que mais preocupa os que estão no poder é aquela que está no nível mais baixo, ou seja, no ponto em que a estratégia é entregue e executada.

Com todos estes desenvolvimentos, as pessoas já não são tão ingênuas. Se forem, lamentavelmente, ficarão magoadas. O reconhecimento geral é que há uma complexidade em desenvolvimento aqui, que não é fácil de lidar e que, só porque uma organização possivelmente chamou consultores (o que não significa nada), haverá um grande processo para gerenciar, uma vez que toda a estratégia foi o pensada, e então só é preciso fazer tudo funcionar.

Hoje, até mesmo este processo ainda não é totalmente compreendido. Poucas agências de consultoria se concentram na execução da estratégia como um serviço principal. O mantra delas segue mais a linha do "nós criamos a estratégia, acertamos as estruturas e os sistemas de RH e podemos ajudá-lo a implementar alguns deles". No entanto, as pessoas se tornaram mais desconfiadas e reconhecem a complexidade de implementar a estratégia — elas questionam o que será necessário fazer para que o plano funcione. A desconfiança envolvida é "Número Um, você nunca me perguntou. Dois, se tivesse perguntado, eu poderia ter falado que isso não funcionaria. Três, você nunca quis me perguntar e, na verdade, não se importa se isso vai funcionar ou não. É a sua visão e você fará com que ela aconteça".

Isso se conecta com as três alavancas de potência que podem ser utilizadas. A primeira é: "Isto é o que precisa acontecer." A segunda é: "Isto é o que vai acontecer, mas gostaria que vocês soubessem primeiro." A terceira alavanca é quando "a sua capacidade de fazer uma pergunta alternativa é reduzida, seja por não saber qual deve ser a pergunta, seja pela vergonha de perguntar". O *player* político sempre usa a terceira alavanca, impedindo o seu público de fazer uma pergunta alternativa.

Se as pessoas não fossem tão desconfiadas e estivessem mais conscientes do que está acontecendo, haveria uma enorme desilusão por parte delas. Eles questionariam como permitem que as falhas organizacionais maciças aconteçam e ficariam em um estado de constante surpresa e descrença em certas ações do líder. Haveria, ainda, mais de uma reação antipolítica, mas os tempos mudaram e as crenças e expectativas tornaram-se fadadas ao fracasso.

O mais interessante sobre a candidatura bem-sucedida de Donald Trump à presidência americana é que, independentemente de você gostar ou não de como ele fala ou do que representa, ele teve um impacto inegável em termos de engajamento. Trump reconheceu que havia dois ou três sentimentos fundamentais em grande parte da população que poderiam ser capturados. O primeiro era a ideia de que o país estava em declínio. O segundo era que os Estados Unidos deveriam ser grandes, e a terceira era que todos, como indivíduos, poderiam desempenhar um papel na solução desses desafios. Ele explicou isso de maneira brilhante, capturando a imaginação das pessoas através do uso de palavras simples que se traduziam naquilo que essa situação significava para elas. Se você quiser um exercício de como realizar o engajamento, observe-o falar para um público. Independentemente da natureza controversa da sua presidência, seu impacto inicial tem sido notável. No entanto, por falta de substância e por ser inconsistente, o seu poder de permanência está agora sob grave ameaça.

Na realidade, não é tanto a tomada de decisões erradas que causa o declínio da organização, mas sim a inércia gerencial. Sentir-se inibido para falar claramente e, por causa disso, fazer pouco, é a principal causa da inadequação organizacional.

Ao mesmo tempo, é importante reconhecer que agir sem compreender plenamente a natureza e o valor da política significa que se torna impossível implementar os sete passos necessários para alcançar o sucesso político. Eles serão detalhados a seguir.

OS SETE PASSOS PARA O SUCESSO POLÍTICO

Passo 1
O primeiro passo na política é atingir a mesma frequência das pessoas com quem você está lidando. O que eles querem ouvir e como querem ouvir? Dê-lhes a mensagem e leve-os com você, mesmo que eles não saibam onde a viagem irá terminar. Comunicação e intenção são diferentes, logo, você não precisa declarar a intenção de atingir a mesma frequência das pessoas.

Passo 2
Mapear as agendas que você precisa enfrentar, lidar, disputar, remover ou integrar.

Ainda com Trump como exemplo, observe que ele fala sobre as agendas de seus concorrentes de tal forma que muitas pessoas conseguem se relacionar com ele — primeiro, porque o que diz sobre elas é, na maioria dos casos, verdade; segundo, porque fala de maneira poderosa; e terceiro, porque fala claramente. Sua retórica flui facilmente, e a clareza de sua agenda, particularmente nas primárias presidenciais republicanas, foi superior às de seus concorrentes. Isso não foi um trabalho de amador. Em uma organização, você deve mapear as agendas mantidas pela equipe de executivos e pelo conselho e, em seguida, respeitá-las. Para que algo aconteça, esses são os obstáculos que devem ser ultrapassados. No entanto, o tempo prega peças. O impactante engajamento inicial precisa ser seguido pelas evidências baseadas em casos. O sucesso inicial de Trump está sobrecarregado pela forma como ele vai cumprir as promessas que fez. A sua retórica não é acompanhada por uma política baseada em evidências.

Passo 3

Trazer as pessoas para perto de você. Envolva-as em debates e leve--as para seminários e reuniões. Veja qual é a reação delas e como as diferentes circunstâncias se desenrolam.

Líderes imperfeitos tendem a acertar na estratégia, depois seguem com estrutura e passam a mensagem para os subordinados. No entanto, quem não concordar com eles está fora. Eles dividem o conselho e os executivos e fazem com que o processo político seja visto como desagradável e divisor. Essa abordagem de dividir e conquistar pode começar com agendas mapeadas e cenários políticos corretamente avaliados, mas quando o resultado final é o jogo político, todos conseguem ver que, na realidade, pouco ou nenhum pensamento político foi dado às consequências. É apenas um uso rude e deliberado do poder.

Quando você está emocionalmente próximo de alguém, vocês discutem sobre diversos assuntos. Para começar, você pode não gostar da pessoa, mas, se ela te escuta, um respeito crescente começa a surgir. O objetivo de aproximar as pessoas é fazê-las ouvir umas às outras. Esse processo também está focado no posicionamento das agendas, que é o uso mais sutil do poder.

Passo 4

O Passo 4 envolve uma mudança de mentalidade, que essencialmente significa incentivar, ao invés de empurrar, as pessoas a uma nova maneira de pensar. Consegue-se isso através da pessoalidade, sentando-se juntos em reuniões informais, compartilhando histórias e envolvendo as pessoas para que elas queiram assumir a responsabilidade. Há um elemento manipulador nisso, mas é feito com a melhor das intenções.

Passo 5

Até certo ponto, o Passo 5 se sobrepõe ao Passo 4. Se você se lembra do julgamento do Spycatcher, talvez se lembre também que um funcionário público que foi à Austrália para apresentar provas relacionadas ao caso foi posteriormente descrito nos jornais como sendo "econômico com a verdade". Essa frase representa um dos conceitos mais sutis do mundo. Foi originalmente constituída na história britânica e popularizada pelo parlamentar Edmund Burke no século XVIII. Ele, de fato, disse que, ao lidar com qualquer área de complexidade, você deve ter muito cuidado com as informações divulgadas e como elas são posicionadas.

Naquela época, a Grã-Bretanha era uma das nações mais poderosas do mundo, com um Império que se estendia do Canadá à Índia. Controlava metade da África e era motivo de inveja para a Europa. Por que razão uma força política e geográfica como aquela deveria se preocupar com ser "econômica com a verdade"? Simples, é porque prosperou em fazer continuamente a pergunta "Como lidar com isso de forma que tudo continue funcionando?" O comentário de Burke atingiu em cheio a maneira como lidamos com a complexidade.

Muitas vezes, a informação é posicionada de modo a fazer com que as pessoas pensem de uma determinada maneira. A ex-primeira-ministra do Reino Unido, Margaret Thatcher, popularizou essa abordagem quando afirmou que, para a Grã-Bretanha, não havia alternativa à economia de mercado, acrescentando que não se tratava de uma economia como a dos alemães, mas sim de uma baseada no modelo americano.

Nesse ponto, no pensamento do povo, não havia alternativa para uma economia de mercado no estilo americano. Não houve protestos nem reações adversas que sugerissem que existiam duas economias de mercado à escolha, apesar de Londres e Frankfurt estarem apenas a uma hora de voo de distância e desta última ter uma estrutura financeira muito superior à do Reino Unido. Esse foi o resultado de ninguém pensar desta forma, porque o posicionamento da informação é uma habilidade política vital.

Passo 6

Nada disso funciona a menos que você esteja executando o Passo 6 o tempo todo. Aqui é onde você reconhece e percebe a legitimidade das redes em que você operando. Você não pressiona as pessoas. Em vez disso, faz reuniões, visita vários departamentos, faz *coffee breaks* e conversa. Enquanto isso, você estará tentando incorporar a legitimidade de sua posição e suas agendas como um indivíduo. Você pode separar a política do conceito, mas se não for legitimado enquanto pessoa, os outros automaticamente rejeitarão a ideia.

A racionalização fala sobre o conceito ou ideias. A política analisa a legitimação entre os indivíduos e a maneira como ganhamos legitimidade em nossas diversas redes de contatos. Se um pobre líder se mantém próximo dos departamentos críticos e depois afasta os departamentos de que não precisa, bastará um escândalo para derrubar toda a operação. A legitimação através de redes de contato é interna e externa. O mais interessante sobre os *players* de poder é que eles vêem a legitimação como sendo externa porque reposicionaram seus ativos internamente. No entanto, não explicaram que uma organização desmotivada ou desmoralizada pode derrubar uma operação.

O que é particularmente interessante sobre a legitimação do *player* político através das redes de contato é que o processo é física e mentalmente exaustivo. A prática é incrivelmente cansativa, por isso é necessário delegar. É impossível lidar com tudo; portanto, é preciso ter uma equipe muito boa, que acredite no que está acontecendo. Para o líder de poder, isso não é necessário. A equipe faz o que lhes é pedido por supor que as tarefas e as estruturas são claras. Esses líderes são, muitas vezes, carismáticos. Isso porque só lidam com uma ou duas coisas e, em seguida, fazem um grande pronunciamento, enquanto monopolizam a ribalta. O *player* político pode ou não ser carismático, mas é possível identificá-lo pela maneira como opera através das redes de contato. Ele ouve, e como você pode ouvir sem ter humildade?

Uma recém-nomeada CEO de uma instituição de caridade, depois de um curto período no cargo, enfatizou que as vendas eram a estratégia a seguir. Ela afirmou: "Precisamos vender os nossos serviços, e pode ser que uma abordagem mais sutil do marketing e da marca não funcione." O ex-presidente não concordou e tentou expor os membros do conselho a vários *stakeholders* influentes a fim de atrair doações. O ex-presidente tinha convencido o conselho de administração da força da marca e, até mesmo, da superioridade da organização. Incapaz de chegar a um acordo com o conselho, a nova CEO estava pronta para seguir seu caminho, uma perspectiva que ninguém no conselho queria, pois eles reconheciam a devoção e a energia da CEO para com a instituição. Após alguma discussão, o presidente renunciou, e a primeira ação do novo presidente foi ouvir extensivamente a CEO. Mais esforço de vendas, mais porta a porta, mais festas. Folhetos atrativos e caros enviados pelo correio adicionarão pouco valor, afirmou a CEO. Apesar do apoio dado pelo novo presidente, os membros do conselho estavam céticos. Para atingir o alinhamento, ele escutou todos os argumentos, mas apenas enfatizou dois pontos: ser guiado pelas evidências e ter os valores da caridade guiando todas as decisões e ações estratégicas. "Precisamos financiar os nossos projetos de maneira ética", disse. Lentamente, a abordagem dele ganhou o conselho. Agora, a CEO sente que tem apoio total. Quando lhe perguntaram como moldou a mentalidade do conselho, o presidente respondeu: "Lidar com a política foi complicado, porque, em primeiro lugar, não deveria parecer que eu estava fazendo política. A evidência falou por si, mas eu precisava fazer com que o conselho reconhecesse que não somos tão grandes quanto imaginávamos. Foi o reconhecimento de que os nossos valores são sólidos que me permitiu abrir caminho através desses relacionamentos complicados."

Passo 7

Conhecer a si mesmo com base nas mensagens contraditórias que você pode passar. É importante entender a realidade de como as outras pessoas vão percebê-lo, o que envolve saber sobre como você comunica as mensagens, e o que os outros ouvem e entendem. Esse tipo de entendimento profundo foi exemplificado nos escritos de Aristóteles, que disse que não é possível ser um líder até ter um entendimento profundo de si mesmo. Essa é uma verdadeira dicotomia para a literatura de estratégia, pois às vezes é preciso ser implacável. Certas pessoas não se encaixam e é fundamental que elas sejam afastadas, então você precisa ser, ao mesmo tempo, respeitoso e inflexível.

Não é preciso gostar do *player* político, mas ele precisa ser respeitado. Uma vez que esse respeito existe, ações, como o afastamento necessário de pessoas, podem ser equilibradas com a lógica e a clareza do porquê e como essas atividades estão acontecendo. Isso realmente possibilita um maior crescimento do respeito, porque assim todos conseguem ver que houve uma visão ponderada sobre as coisas, que foi feito todo o possível e que, mesmo assim, as coisas não estão funcionando, então é preciso seguir em frente.

O líder de poder é rápido, carismático e fácil de interpretar. O *player* político é lento, humilde e complexo. As ações deste último podem ser consideradas necessariamente "enganosas", e esse é um lado potencialmente negativo da política. Tire tempo para entender sua organização e como funciona a política dela. Pergunte a si mesmo, "Qual é o propósito da política?". Se a resposta for juntar sistemas e pessoas para realizar a entrega de valor e aumentar a vantagem competitiva, então você está no caminho certo.

AVALIANDO SUA LIDERANÇA QP

Em muitos aspectos, QP é o prosseguimento do QE. Quando o QE não funciona mais, os líderes são forçados a negociar.

- As habilidades de QE — como formamos relacionamentos e confiamos uns nos outros, como nos abrimos e como usamos charme — também são usadas em QP. A diferença é que, no QP, o líder tem uma agenda. Qual a sua agenda?
- Com o QE, a agenda é trabalhar junto, como uma equipe. Portanto, com o QP, é necessário evidenciar o QE para que não se torne óbvio que você está sendo político naquela determinada circunstância. Como você vai fazer política — de maneira aberta ou dissimulada?
- A outra parte do QP é que você não tem escolha. Há certas circunstâncias em que a única saída é negociar: você precisa negociar da melhor maneira que puder, e tem que ser tão autêntico quanto possível. Que estilo de negociação você vai usar?

4

QR: O VALOR DA RESILIÊNCIA

Seria uma reunião geral anual (RGA) difícil. Dois avisos de que o lucro iria diminuir, os números em baixa e os acionistas minoritários precisando de seus dividendos. O diretor financeiro ficaria sob pressão. A opinião do presidente, Brent, era que o conselho e a gerência tinham feito um bom trabalho. A empresa precisou ser reestruturada, e isso foi feito de maneira diligente. Em breve ela voltaria a ser lucrativa, mas não a tempo para a RGA.

O presidente explicou, passo a passo, a natureza da performance da empresa, o que precisava ser feito e o que era necessário para o futuro. A sua eloquência e clareza de pensamento foram bem recebidas. Mas um acionista não conseguiu controlar a impaciência. Ele interrompeu o presidente com uma sequência de perguntas difíceis, todas incluíam um insulto sutil dirigido ao presidente ou ao CEO, às vezes a ambos. Os outros poucos acionistas insatisfeitos ganharam coragem. A RGA poderia ter saído do controle. No entanto, cada vez que o presidente era interrompido, ele parava e se dirigia a cada crítico com a mesma tranquilidade que havia mostrado no início. Ouviu, comentou, ouviu novamente e comentou mais. Mesmo quando sugeriram que ele se demitisse, o presidente abordou esse ponto da mesma forma ponderada que usou para tratar de todos os outros pontos levantados. Baseando-se em evidências, deixou claro que era o melhor homem para o trabalho, mas que isso precisaria ser revisto na próxima RGA. Até esse momento, os acionistas institucionais estavam calados, mas foram ficando cada vez mais impressionados com a forma convidativa e sem disparates do presidente. Para eles, ele absorveu a pressão, e era o homem certo para o trabalho, especialmente porque a reestruturação adicional que estava prestes a acontecer iria colocar o conselho e a gerência sob uma pressão ainda maior.

"Estes são o homem e a equipe ideiais para o trabalho. Espero que consigam 'corrigir' esta empresa", concluiu um dos maiores acionistas institucionais. A recomendação do presidente foi aceita por uma maioria significativa. Após a reunião, o acionista minoritário mais irascível disse ao presidente: "Você conseguiu de novo! Como?"

"Faz parte da minha função como presidente. É meu trabalho convencer os acionistas de que posso conduzir esta empresa através do próximo desafio. Eles precisavam confiar em mim. Precisavam saber que eu consigo manter este barco navegando."

O acionista irascível sabia que isso era verdade. Um exterior calmo, agradável e sociável camuflava um núcleo de aço. Embora ele nunca concordasse abertamente com o presidente, mantinha um respeito silencioso pelo homem e, em muitos aspectos, sabia que aquele era o estilo de presidência exigido pela situação.

FORÇA INTERIOR

Resiliência — a capacidade de lidar com o estresse e evitar catástrofes — está se tornando uma habilidade crítica em um mundo cada vez mais estressante e exigente, no qual as doenças mentais debilitantes e o *burnout* se tornaram as principais ameaças à realização organizacional e à produtividade. A resiliência está relacionada com a capacidade de responder bem à adversidade, pode ser aplicada a uma vasta gama de eventos desafiadores, desde os triviais e irritantes, até aos verdadeiramente trágicos. Os indivíduos que atuam nem sempre têm o QI mais elevado, mas têm uma força interior que os ajuda a caminhar através de todas as tensões e estresses diários como se fossem uma experiência completamente normal. Para o gerente de alta performance, a pressão é apenas um dos desafios a serem enfrentados.

Pessoas resilientes não perguntam, "Por que eu?", mas "E agora?". Alguém com um QR elevado não perde tempo à procura de indivíduos ou eventos para colocar a culpa; procuram as causas e efeitos, para que possam crescer como pessoa e ajudar os outros a evitar ou a resistir a circunstâncias semelhantes. Se você desenvolver um QR alto, quase sempre vai encontrar o lado bom em todas as situações que enfrenta.

Um aspecto fundamental da resiliência é a capacidade que o indivíduo tem de compreender e empatizar com outros. Pessoas resilientes demonstram inteligência emocional e exibem um alto nível de consciência pessoal e social, juntamente com a capacidade de bem gerir a si mesmas e seus relacionamentos, especialmente sob pressão.

Alguns dizem que "superamos" a adversidade, e que apenas contratempos pequenos nos permitem uma recuperação rápida e completa. Os grandes desafios nos mudam de tal forma que não retornamos ao ponto em que estávamos antes de sermos confrontados por eles. Em vez disso, lentamente "voltamos" das experiências que mudam nossa vida de uma maneira dolorosa, que exige todos os nossos recursos para enfrentar, suportar, superar e — assim, esperamos — emergir, transformados pela experiência.

Personalidades sensíveis com um cérebro inteligente podem ser altamente vulneráveis, porque elas podem vacilar, questionar o porquê daquela situação estar acontecendo e como podem fazer para resistir. Isso, por sua vez, gera mais dados e aumenta a pressão. Por serem inteligentes, uma auto-análise excessivamente complicada pode levar a uma espiral ainda mais rápida e fora de controle. Em vez de simplesmente reagir à mudança, as pessoas resilientes se engajam ativamente nela. Eles acreditam ter a capacidade e a responsabilidade de determinar o próprio destino, em vez de se sentirem impotentes frente a uma situação específica. A paz interior é necessária para exibir uma aparência de calma. O benefício disso é que as pessoas acreditam que você consegue ver através e além das adversidades. Isso permite focar na expansão da influência através de ações e comportamentos assertivos e na preparação para a mudança, não importando o quão traumática ela possa vir a ser.

Um QR alto dá ao indivíduo a capacidade emocional de sobreviver ao trabalho sem se desfazer sob pressão intensa. Você deve entender a si mesmo, a situação em que se encontra e os desafios que precisa enfrentar. Isso é vital, dada a normalidade dos papéis de chefia, que muitas vezes implicam em um fluxo contínuo de conflitos políticos.

RESILIÊNCIA INTERNA

Tem-se realizado muita pesquisa sobre o tema da resiliência no trabalho, mas ainda há muitas lacunas no que diz respeito a de que forma um maior ou menor grau de resiliência, ou QR, é diretamente responsável pela maneira como os indivíduos gerenciam a complexidade.

A maior parte dos trabalhos registrados sobre resiliência foi retirada de fontes militares, em particular das forças armadas dos Estados Unidos, e versa sobre como as tropas podem ser mais resistentes, tanto a nível organizacional quanto individual. Até os dias de hoje, esse pensamento tem, em maior parte, se concentrado nos indivíduos, por isso há uma necessidade crescente de traduzir os princípios da resiliência para toda a instituição.

Quando se trata de corporações e departamentos, a pesquisa existente sobre resiliência é escassa, e uma das razões por trás disso é que, para todos os efeitos, resiliência é apenas uma palavra. Como conceito, ela cobre muitos outros aspectos dos 5Qs, mas, quando todos esses diferentes elementos são combinados, ela surge como uma hipótese única e diferente.

A resiliência não é puramente um conceito; pelo contrário, é um resultado. Então, o que exatamente é a resiliência? Basicamente, é a capacidade de ultrapassar e sobreviver a uma experiência de pressão, bem como de enfrentar adversidades. Portanto, a resiliência se divide em duas coisas: capacidade de sobreviver à adversidade e aos contratempos. A adversidade é uma experiência contínua; um contratempo é um acontecimento singular. Você consegue sobreviver aos contratempos? Consegue trabalhar através da adversidade?

Como Steven Snyder comenta em seu artigo "Why Is Resilience So Hard?" (2013) publicado na *Harvard Business Review*, "Apesar do consenso esmagador e das evidências que afirmam que a resiliência é indispensável para o sucesso no ambiente empresarial atual, a verdade permanece: a resiliência é difícil. Requer coragem de enfrentar realidades dolorosas, a fé de que haverá uma solução, mesmo quando ela não esteja evidente, e a tenacidade de continuar, apesar de sentir que a situação é desesperadora".

Os americanos aceitaram fundamentalmente estes dois elementos e desenvolveram uma pesquisa que diz que ela é uma habilidade profunda utilizada em resposta a "X, Y e Z". Em outras palavras, da mesma forma que se treina um soldado, você também consegue fazer a organização funcionar bem. A nossa experiência diz que, na verdade, é realmente isso e mais alguma coisa.

Os líderes baseados na missão têm uma vantagem quando se trata de resiliência. Por definição, eles estão focados na entrega de valor — e isso exige que eles se envolvam com seus *stakeholders*. Isso promove uma cultura de desafio e questionamento, que alimenta a cultura de resiliência. Em organizações baseadas na missão, as pessoas são incentivadas a falar a verdade ao poder (parafraseando Al Gore). É uma cultura baseada em evidências, na qual as suposições de liderança são testadas na atribulação da prática. Isso encoraja a força interior em vez de criar dependência em relação aos líderes, para que não haja oposição. Líderes baseados na visão, ao contrário, podem se isolar e adotar uma mentalidade defensiva quando a realidade começa a divergir de sua visão.

Se considerarmos organizações como a John Lewis Partnership, a Caterpillar e o governo de Omã, o que elas têm em comum? A resposta é um conjunto profundamente enraizado de valores que são vividos no dia a dia.

A John Lewis Partnership tem um valor de serviço profundamente arraigado; sua missão é oferecer um serviço excepcional. A Caterpillar incorpora o valor da qualidade — mais uma vez, esta é a sua missão. O governo de Omã abriga um valor sólido de felicidade. É apenas a segunda nação do mundo que tem a felicidade dos seus cidadãos como principal objetivo. Brunei foi a primeira, e Singapura chegou a tentar, mas desistiu, mesmo estando mais bem organizada do que muitos outros países. Isso mostra que a resiliência não é uma habilidade; pelo contrário, há algo incrivelmente profundo na psique e na filosofia de todas essas pessoas que estão dirigindo o país ou organização.

O presidente da John Lewis Partnership é central para a empresa. Ela não tem um CEO, mas dois diretores executivos, que dirigem a Waitrose (empresa de alimentos) e as lojas John Lewis. A estrutura de governança dos funcionários exige que o presidente atue como administrador delicado. Tudo isso para garantir que o serviço e o respeito pelas pessoas continuem a ser os elementos centrais da empresa. A personificação desses valores reside no fato de que, durante muitos anos, a John Lewis ganhou mais processos trabalhistas do que os funcionários que deram entrada na ação. Apesar de ela raramente ser levada ao tribunal, poucas organizações no Reino Unido podem se gabar de tal recorde.

Na John Lewis Partnership, o valor de serviço remonta a 1920, quando esse era um fator crítico. O próprio fundador disse que o serviço era uma questão fundamental, e que ele foi a única pessoa que se destacou após a Primeira Guerra Mundial, quando as pessoas estavam basicamente tentando sobreviver. Ele disse que, embora a melhoria no atendimento ao cliente fosse onerosa, era uma questão primordial.

Para a Caterpillar em 1914, a C. L. Best e a Holt Manufacturing Company, que tinham unido forças na época da Grande Depressão, quando a fome tomava conta do meio-oeste dos Estados Unidos, se mantiveram na missão de ganhar dinheiro não com a agricultura, mas com a venda de tratores. Ao mesmo tempo, estes tratores precisavam ser de tão alta qualidade que a Best vendeu as poucas posses de sua família, para conseguir fazer e vender o melhor trator possível. Esses sacrifícios acabaram sendo recompensados.

Então, quais são os valores da sua organização? Essa é a pergunta número um. Ao ver uma organização na qual uma declaração de valor é rapidamente seguida por outra, você já consegue saber uma coisa: os valores dela são financeiros e, consequentemente, não têm sentido.

A reação dos indivíduos a esses supostos valores é de aversão, desgosto, negatividade e, por fim, alguma forma de desmotivação. Valores vazios matam a lealdade. Essa mesma lealdade permanece viva na John Lewis Partnership e, ao entrar em qualquer filial de outra empresa varejista, é possível testemunhar as diferenças entre as duas. A maneira pela qual a John Lewis retém seus valores é fazendo com que todas as pessoas da organização os vivam — logo, o treinamento e a formação das gerências média e sênior giram em torno desses valores, que geram resultados muito práticos. Na John Lewis Partnership, é fundamental que todas as equipes sejam treinadas. Não é possível se abster do treinamento, assim como na Caterpillar.

É difícil identificar qualquer traço de lealdade individual dentro da Caterpillar, especialmente porque eles não gostam de trazer consultores de pesquisa ou outros recursos externos para dentro da empresa. Em vez disso, preferem estimular e desenvolver pessoas de dentro da própria organização.

O que se exibe como resultado é um grupo de indivíduos que não só possuem valores genuínos, mas também treinam para vivê-los. Esses valores estimulam ainda mais o benefício econômico. O presidente da John Lewis Partnership recebe o salário mais baixo dentre todos os presidentes das maiores empresas do Reino Unido. Ele recebe menos do que muitos GGs das organizações concorrentes. Por quê?

Pois quando ele é visto compartilhando as mesmas experiências da equipe dos níveis inferiores da organização, há um senso de família, construído com base na percepção de que os gerentes se sacrificam pela empresa da mesma forma que pedem isso aos seus colegas.

O que aconteceu na Caterpillar, uma das maiores empresas do mundo, é claramente possível para todas as organizações, caso elas optem por seguir um caminho tão digno e valioso. Na Caterpillar, é necessário usar roupa social para participar das reuniões públicas, mas o uniforme diário da alta gerência, incluindo o CEO, é o mesmo macacão amarelo que todos os outros trabalhadores usam. Se você visitar o segundo maior escritório da Caterpillar, em Singapura, encontrará o CO e todos os seus colegas usando amarelo, mostrando que todos estão conectados e apoiando uns aos outros. Lá, as pessoas também reconhecem que o salário do indivíduo é comparável ao delas, já que os salários e orçamentos são baseados em um coeficiente emocional, ao invés dos valores do mercado. Esse não é um processo completamente matemático, mas funciona.

Há algo de profundamente reconfortante na ideia de que o seu superior não está se tornando multimilionário às suas custas, o conceito de "Esse é o meu líder, ele trabalha arduamente, eu reconheço isso; ele não dirige um Rolls Royce, é uma pessoa comum, tem uma casa maior que a minha, mas tudo bem, porque eu o respeito".

Conversando com Ed Rapp, um dos antigos altos executivos da Caterpillar, ficou clara a maneira como a empresa sustentou seus valores, mesmo quando pressionada a buscar resultados de curto prazo. A alta gerência viveu os valores da empresa através da adesão ao devido processo, enfatizando a transparência e o tratamento igualitário a todos. Consultas frequentes com a equipe fazem parte da vida na Caterpillar. A missão de melhorar continuamente a qualidade não se refere apenas a produtos ou serviços, mas a todos os aspectos da vida útil da empresa. É raro que se façam declarações dramáticas sobre ser a maior ou a melhor, mas, em vez disso, são feitas observações mais sutis, como "Quero deixar o meu escritório melhor estado do que estava quando cheguei".

O ponto mais importante da resiliência são os valores, e esses valores são profundos porque estão em vigor há muito tempo. A questão-chave da organização é olhar para as suas declarações de valor ao longo dos últimos quarenta anos e ver como elas mudaram. E depois explicar quais valores você realmente tem, porque se revisar as declarações da John Lewis Partnership, da Caterpillar ou da Federal Express, você vai ver que elas não mudaram.

Por que consertar algo que não está quebrado? Os valores determinam a realidade econômica e não o contrário — esse é o primeiro passo para a resiliência.

QUAL FUNÇÃO ESTÁ CRIANDO RESILIÊNCIA?

Sempre deve ser o presidente, o CEO ou, no caso de um país, o chefe de Estado ou seu equivalente, a criar resiliência. Em seguida, é necessário estabelecer quem tem o papel de definir e recolher as evidências que serão fundamentais para criar e reforçar um clima resiliente.

Ao chegar ao poder, o sultão Qaboos bin Said de Omã deu prioridade imediata ao bem-estar dos cidadãos. As desigualdades foram minimizadas e os valores de cuidado e preocupação pelas pessoas foram ressaltados. Ele mesmo viveu esses valores, assim como seus ministros. Ao seguir este caminho, o sultão fez uma das declarações públicas mais sérias que qualquer líder do mundo já fez. A maioria das pessoas podia ver que a vida dele era boa. Eles podiam testemunhar esses valores tão críticos na prática.

Não haver tumulto é algo raro para qualquer país, mas, sob a direção de Qaboos, foi isso que aconteceu em Omã. O que ele fez de diferente foi olhar para a situação geral e falar com todos os membros da sociedade e os principais *stakeholders* relevantes, incluindo os grupos de mulheres e familiares. Depois disso, falou: "Sim, esse é o caminho a seguir." O processo funcionou devido ao elevado nível de engajamento com os cidadãos.

Então, o sultão Qaboos foi mais longe: redefiniu o objetivo da nação, para que Omã conseguisse sobreviver após o fim do seu governo. Para conseguir isso, ele trouxe uma série de conselheiros cuja tarefa era "decompor" a felicidade e traduzir esse conceito para uma realidade econômica que beneficiaria os cidadãos. Isso provou ser importante e significou que os omanis, uma vez treinados e qualificados, não precisariam ir para o exterior por não conseguirem encontrar um emprego em casa. Serviu também para dar pensões às famílias e conceder direitos às mulheres. Além disso, foram identificadas áreas importantes da economia, como o turismo e a pesca, para que pudessem receber investimentos adequados e prosperar.

O líder de Omã fez algo que só uma outra, a primeira-ministra Margaret Thatcher, fez. Ele reuniu os funcionários públicos seniores e os CEOs das principais empresas e os treinou na estratégia de trabalhar juntos para buscar o bem-estar como objetivo principal da nação. Muitas pessoas podem se surpreender ao descobrir que Thatcher tinha interesse em aumentar o compartilhamento e a compreensão no local de trabalho. Em 1986, ela deu início ao Programa de Alta Gerência, que fez exatamente isso, permitindo que os empresários e o governo revisassem as estratégias para a nação, ao mesmo tempo em que se desenvolviam como líderes da nação. É graças a isso que alguns desses grupos originais ainda se reúnam nos dias de hoje.

Ao dar ações para o trabalhador comum, Thatcher ajudou a desenvolver um conjunto de valores que indicavam que o mercado deveria estar igualmente disponível para todos. O sultão Qaboos decretou um processo semelhante em Omã. Em vez de se concentrar no mercado, ele enfatizou a importância da comunidade, um fato que alguns CEOs não apreciaram, porque sentiram que desviaria o foco da geração de lucro. No entanto, eles se convenceram. Sabiam que o sultão tinha razão. Ele simboliza esses valores, e estava genuinamente preocupado com a diversidade e o bem-estar dos cidadãos na sociedade. Normalmente, a diversidade é imposta aos indivíduos, em vez de serem eles a abraçá-la ativamente.

O sultão Qaboos decidiu que nenhum ministério específico deveria ser visado, mas sim, que todos os seus ministros do Gabinete precisariam trabalhar para melhorar a felicidade e a resiliência dos cidadãos de Omã. Além de Thatcher, é difícil lembrar de um primeiro-ministro dizendo ao seu gabinete que "vocês também farão isso, não importa qual seja o seu trabalho".

NUNCA VENDA, CONSCIENTEMENTE, POR UM PREÇO MAIS BAIXO

Os valores expostos em Omã e em organizações como a John Lewis Partnership demonstram um nível palpável de cuidado e preocupação com outros. Seis meses após os atentados de 11 de Setembro, temiam que Londres fosse o próximo alvo terrorista e pensavam que a loja mais provável de ser atingida era a John Lewis da intersecção entre o Marble Arch e a Oxford Street. Esse medo se tornou tão extremo que, pela primeira vez, conversaram seriamente sobre a possibilidade de encerrar as atividades daquela filial e despedir os funcionários, uma proposta que ia contra tudo aquilo em que a empresa acreditava. O presidente da John Lewis naquela época tinha um histórico no Ministério das Relações Exteriores, mas também tinha os valores da empresa incorporados à sua essência. Dado o clima político global atual, seria improvável que ele trabalhasse no Ministério das Relações Exteriores nos dias de hoje. Ele tinha uma filosofia baseada na comunidade, e efetivamente disse: "Ok, vamos colocar os nossos valores à prova. Será uma batalha entre a realidade econômica e os nossos valores e, se todos, enquanto comunidade, se sentirem suficientemente fortes, iremos testá-los."

Ele realizou um referendo interno no qual era necessário escolher entre a opção A, todos vocês receberão bônus e quaisquer outros pagamentos adicionais devidos, mas fecharemos esta filial, e a opção B, sem bônus para ninguém, mas a filial da John Lewis permanece aberta. Todos devem pagar pelo futuro da loja. Se você está trabalhando em Carlisle, onde as taxas de desemprego são altas e você é possivelmente a única pessoa da família que trabalha, ou é uma mãe que não recebe muito bem, mas é também uma entre os 56 mil acionistas de John Lewis, não receber seu bônus este ano é um grande negócio, não um luxo. O resultado foi bem mais de 90% a favor da opção B. Uma maioria esmagadora, de fato, afirmou: "Vou renunciar a qualquer ganho pessoal, porque esse é o nosso time e não podemos deixá-lo na mão."

Isto ilustra que há exemplos de valores trabalhando tão profundamente que acabam determinando a realidade. É por isso que, se quisermos ser resilientes, precisamos lidar com as coisas de uma forma que reflita a abordagem da John Lewis Partnership à gestão da adversidade. Omã tem agora o potencial para se tornar um país significativamente diferente de qualquer outro lugar do mundo. Isso não é o resultado de algumas pessoas inteligentes realizando habilmente uma única tarefa. Pelo contrário, baseia-se em um conjunto de valores profundamente enraizados que estão ausentes na maioria das organizações. Na verdade, na maioria das empresas, o único histórico de valores é a referência aos seus fundadores.

A deterioração dos valores originais é um dos fatores responsáveis por unir muitas empresas atualmente. Quando a Cadburys Schweppes se dividiu, todos os valores que vieram com seu fundador desapareceram também. O Barclays Bank foi inicialmente apelidado de "banco do povo", mas, hoje em dia, muitos o vêem como unicamente preocupado com o valor das ações às custas dos clientes. O chefe, Antony Jenkins, foi demitido publicamente em uma tentativa de trazer de volta os valores fundamentais do banco, e em grande parte porque ele não estava gerando lucro suficiente.

É muito difícil deixar a realidade transacional de curto prazo para ter valores profundamente enraizados, e está claro que a maioria das organizações de hoje não é resiliente. Elas não têm uma mentalidade transformadora baseada em uma noção de comunidade. Ao contrário, seguem uma mentalidade transacional, focada no valor econômico de cada ativo que a organização possui. A BHS é um exemplo clássico de como uma empresa que foi fundada para a comunidade, equipe e clientes foi totalmente destruída pela ganância de apenas dois homens. Ao mesmo tempo, as condições operacionais da Sports Direct têm sido criticadas por serem piores do que as casas de trabalho vitorianas. Como Rosabeth Moss Kanter explica em um artigo da *Harvard Business Review* (2013), "Resiliência é a habilidade para sair do buraco e se recuperar. Somente flexibilidade não é suficiente. É preciso aprender com os erros, que edificam a resiliência sobre os alicerces da confiança: responsabilidade (assumir suas atribuições e demonstrar arrependimento), colaboração (apoiar os que buscam um objetivo em comum), e iniciativa (concentrar-se nas etapas positivas e nas melhorias). Esses fatores dão sustentação à resiliência das pessoas, equipes e organizações — elas podem tropeçar, mas voltam a vencer".

Os valores são o primeiro elemento necessário para resolver todas essas reclamações. O segundo é a educação. A história de Margaret Thatcher foi baseada na educação, porque ela reconheceu que os funcionários públicos precisavam entender a vantagem competitiva e que o setor privado não conseguiria continuar como estava até que entendesse plenamente as políticas públicas em todas as suas ramificações.

As organizações resilientes investem pesadamente na educação, mesmo quando as coisas estão indo mal para elas. Isso pode funcionar em termos de desenvolvimento de conceitos internos, ou como política pública. Os sistemas educativos têm mais probabilidade de êxito quando assumem a forma de "conceito mais lazer", por exemplo, o processo de desenvolvimento de pessoas a longo prazo. Isso pode ser explicado pelo mantra "Não contrataremos o melhor profissional para essa transação, desenvolveremos o nosso próprio pessoal para que consigam lidar com isso. Só chamaremos peritos externos se for absolutamente necessário".

Organizações como a John Lewis Partnership, a Caterpillar e a Federal Express não costumam gostar dos consultores de pesquisa. Essa última pode selecionar, com sucesso, uma pessoa externa para uma função importante, mas dentro de alguns meses é provável que esse indivíduo se encontre isolado porque, na maioria das vezes, não tem uma compreensão crucial da cultura da organização e, em vez disso, escolhe defender uma abordagem simplista e transacional de lucro que não atende a maioria dos *stakeholders*.

Um dos principais funcionários públicos do Reino Unido enfatizou o seu entusiasmo em engajar os *stakeolders*. Seu desafio era atingir as metas em nome da comunidade e, ao mesmo tempo, atender às demandas do governo por redução de custos. O desafio do serviço público consiste em implementar uma gestão eficaz dos *stakeholders*, respeitando simultaneamente os seus valores de serviço, profissionalismo e equidade.

Há uma leveza por trás desta nova imagem da função pública e daquilo que ela está tentando alcançar. Uma das primeiras perguntas é: "Como educar os nossos funcionários públicos agora que perdemos a Faculdade do Serviço Público?" As diferentes necessidades a considerar são: Quão cara será uma nova faculdade? Qual o nível de sofisticação necessário? Quais especialistas são necessários para aconselhar a revisão? Quais funcionários públicos devemos desenvolver? O pensamento emergente é que o desenvolvimento da liderança é central para o funcionamento eficaz do Serviço Público, levando em conta os desafios a serem enfrentados na prestação de um serviço que prospera na diversidade.

REALIDADE E QR

O elemento final do QR é a necessidade de ser realista.

QR precisa ser baseado em evidências para que as consequências da mudança possam ser medidas e compreendidas. É claro que é possível ficar sobrecarregado com o volume de potenciais evidências, mas o objetivo deste processo é colocar todos na mesma página. Se a organização é aberta e honesta sobre o que faz e como está fazendo, e a evidência é compartilhada com o conselho, a gerência e a equipe, então todos entendem o que está acontecendo e acreditam na veracidade disso. Como resultado, todos se tornam realistas.

O que acontece se esta evidência for manchada, unilateral ou apenas enfatizar o ponto de vista do CEO? Então os resultados só servirão para desmotivar e gerar altos níveis de desconfiança. As pessoas não conseguem ser realistas e começam a sentir que a desconfiança e a desmotivação estão atrasando-as. No entanto, não precisa ser assim. É o fato de não saberem o que devem fazer que impede o seu progresso. É a falta de realismo, que leva a oposição à alguém que representa o caminho a seguir, que, em última análise, faz com que ambos os lados encontrem falhas nos argumentos um do outro e, em última análise, se anulem mutuamente.

Apesar disso, a alta gerência continuará insistindo, porque ela diz que está sendo contestada por pessoas que não estão se comportando de maneira razoável. Ironicamente, é provável que isso seja verdade nesse momento específico. No entanto, a razão pela qual elas estão sendo irracionais é que os patrões estão sendo primeiro e não há nenhum terreno comum para fazer com que qualquer uma das partes seja realista. É aqui que a evidência se torna crucial.

Quais provas devem ser recolhidas? Os dados devem capturar tendências, questões específicas de negócios ou detalhes dos investimentos, mas a evidência mais poderosa é como a organização está "vivendo" atualmente. O que são e onde estão os bloqueios do sistema ou as linhas de falha? Até que ponto os valores da organização estão sendo seguidos, ativamente rejeitados ou promovidos? Grande parte se transformará em evidência e precisará ser acompanhada de dados concretos, como "Se comprarmos isto, quanto custará?" ou "Se fizermos aquilo, qual será o resultado em termos de lucro?" O recolhimento de evidências tem muitas fases. Inclui o processo de coletar conhecimentos sobre o que está indo bem ou mal, juntamente com entrevistas e testes significativos. Os dados sólidos podem inicialmente parecer mais atraentes, já que apresentam os, assim chamados, fatos.

Quando a evidência tem consequências incorporadas a ela, a coleta de dados leva mais tempo. "Precisamos saber a sua opinião. Se fizermos isso, quais serão as consequências?". Uma opinião será ligeiramente diferente da outra e, nesse caso, precisaremos agregar essa informação, o que significa que a coleta de evidências é uma iniciativa dispendiosa e demorada. O desafio final imposto por este processo é que a organização muitas vezes se sente lenta e sem a resiliência necessária para enfrentar seus desafios. Na verdade, é o oposto. Ao dedicar seu tempo para coletar evidências que envolvam consequências e digerir essas informações com mais cuidado, a organização realmente se torna mais resiliente.

Isso porque, fundamentalmente, as pessoas dizem a si mesmas: "Se as circunstâncias determinarem que a minha estratégia não foi suficientemente inteligente para ganhar o bônus da John Lewis nos meses após 11 de setembro, pelo menos conseguirei compreender e aceitar a situação." Por entenderem plenamente a situação, elas podem se preparar e modificar seus orçamentos pessoais, ao invés de mudar a organização. O indício, ao contrário, concentra-se apenas nas transações com as quais a organização está comprometida, e as consequências se baseiam unicamente nesse detalhe. O resultado é um "Queremos fazer isto e, se for o caso, estas pessoas terão que ir, porque do contrário isso bloquearia os nossos planos". Os grandes planos e efeitos a longo prazo se perdem por uma questão de simplicidade.

Levando tudo isso em conta, podemos afirmar com confiança que a construção da resiliência é baseada em valores e educação e é preciso tempo para que as evidências leves sejam acumuladas e devidamente avaliadas. As organizações que carecem de resiliência muitas vezes dependem de evidências sólidas que, na superfície, parecem ser rápidas de reunir e de grande valor resultante. No entanto, na maioria das vezes, não são mais do que uma preparação adequada para o fracasso.

QR + QI

O QI passa por todos os Q's. Por exemplo, com o QM, é importante apresentar um argumento baseado e sustentado por uma postura ética. Com QP, como você poderá ser um *player* político de sucesso sem ter um argumento coeso? Caso contrário, será visto como apenas mais um falastrão não confiável. Com o QR, o argumento é: "Nos tornamos resilientes ao assumirmos mais de trezentos gestores e falarmos com eles durante pelo menos duas semanas, e não nos metendo no que estavam fazendo e esperando que apressassem o trabalho."

O QI é a preparação sistemática da organização para qualquer eventualidade. A resiliência vem de saber tudo sobre o potencial, os problemas e as falhas da organização. Os gerentes entendem as consequências, por isso conseguem ver as alternativas. Quando não há nenhuma alternativa aparente, fica claro para eles que todos devem se unir, o que é, em parte, um processo emocional, mas com um resultado muito racional. Quando você trabalha em estreita colaboração com outros, isso se torna uma prática altamente emocional. Há pouca ou nenhuma emoção ao se tentar estruturar um argumento que você sabe que é essencialmente errado.

O *RÉGLER*

Na área da resiliência, a literatura acadêmica faz referência ao *régler* — termo francês para quem está constantemente se ajustando. Portanto, se houver um problema, iremos "ajustar" os orçamentos, ou o objetivo, ou qualquer outra coisa que conduza a um eventual êxito, ao invés de olharmos para o quadro específico ou geral.

No dia seguinte ao referendo que definiria a possível saída britânica da União Europeia (UE), os cidadãos foram informados pela UE de que os planos orçamentais e econômicos estavam concluídos. Por lei, o Reino Unido teria o direito de completar as suas alocações orçamentais na Europa até ao dia em que saísse da UE, mas funcionários e opositores afirmaram que isso não iria acontecer. Isso significava que qualquer pessoa cujo trabalho dependesse de laços estreitos com Bruxelas seria excluída das redes existentes e não haveria qualquer possibilidade de se conectarem aos seus parceiros continentais.

Será que o governo do Reino Unido realmente aceitaria esse estado de coisas? Não, claro que não. Em vez disso, eles continuarão dando a mesma quantia de financiamento durante os próximos anos, para que organizações e indivíduos possam continuar interagindo com suas redes e concluir projetos como de costume.

A resposta do *régler* de "resolver por hoje" parte do pressuposto de que tal acordo continuará indefinidamente, sem considerar os danos culturais a longo prazo causados aos valores e práticas adotados. Esse resultado ocorre quando as organizações evitam lidar com evidências e fingem ter valores firmes que simplesmente não se refletem em suas atividades diárias. Quando se trata da resiliência do *régler* — aquele que repetidamente se ajusta e muda de rumo — ele irá dizer que está tudo bem, mas na verdade nada mudou.

O termo *régler* é a antítese da resiliência.

PONTOS DE AÇÃO

QR é uma obrigação no topo de uma organização. Hoje em dia, a capacidade de lidar com circunstâncias difíceis e exigentes é um requisito para a liderança. Trata-se de sobreviver, mas sobreviver bem, e mostrar uma força de caráter que as pessoas possam admirar. Avaliando sua liderança QR:

- Quais e quem são os seus apoios emocionais e físicos?
- Onde você pode procurar apoio adicional? Na sua vida existem pessoas em quem você sabe que pode confiar?
- Quais são os fatores de equilíbrio em sua vida — as atividades e relacionamentos que mantêm sua aptidão física e psicológica?
- Onde você encontrará a força emocional para ir até ao fim?

5

QM: VANTAGEM COMPETITIVA ATRAVÉS DA TOMADA DE DECISÕES MORAIS

Jim era o chefe da Operação Ásia. Aos olhos de muitos na reunião, ele era o próximo CEO. Um país regional e uma empresa marcada para aquisição eram o tema da conversa. O clima da reunião estava favorável à compra da organização daquele país, mas Jim discordou. "Somos uma empresa de valores fortes. Acreditamos na nossa missão e isso é qualidade! A questão é: será que o nosso conceito de qualidade vai ser gravemente afetado se entrarmos neste país com este negócio em particular?" Ele respondeu à própria pergunta. "Vai. Ninguém se atreve a dizer, mas vai. O fato é que seremos forçados a subornar." Todos na reunião sabiam que isso era verdade. "Sim, precisamos entrar nesse país, mas não desse jeito. Precisamos trabalhar com um parceiro em potencial que seja suficientemente flexível para que possamos renegociar contratos e estabelecer uma nova cultura, novos valores e um sistema de recompensa que impeça que o suborno de acontecer e permita que a qualidade brilhe. Isto vai levar tempo."

Ainda havia uma pergunta que ninguém ousava fazer.

"Eu acho que sei qual é a única questão que preocupa vocês: como os nossos acionistas reagirão quando descobrirem que provavelmente não avançaremos com a aquisição e que possivelmente perderemos 3 bilhões de dólares de receitas para os próximos anos? No entanto, a minha resposta aos acionistas é simples. Nós não comprometeremos os nos nossos valores. O preço das nossas ações é alto justamente porque vivemos os valores de qualidade defendidos pela empresa. Não devemos hesitar ao dizer que fazemos tudo com qualidade."

Jim influenciou a reunião a votar contra a aquisição. A maioria dos presentes sentiu que uma queda no preço das ações estava por vir, apesar de todos saberem que ele estava fazendo a coisa certa.

FAZENDO A COISA CERTA

A ética é muito discutida na gestão hoje em dia, por vezes de forma eloquente. A "empresa ética", o "gestor ético", o "líder engajado" e o "*player* exemplar" são termos que se tornaram comuns no vocabulário dos negócios. O nosso último quociente é QM, o fator ético e moral. Isso gerou alguns resultados surpreendentes em nossa pesquisa.

Fred Kiel, um especialista na área, abordou a questão do QM em seu livro *Moral Intelligence 2.0*. Ele mostra que os líderes com QM elevado dão mais retorno aos acionistas do que outros líderes.

De acordo com Kiel, inteligência moral significa ter a capacidade de liderar com integridade, responsabilidade, perdão e compaixão. A integridade gera confiança; a responsabilidade inspira; o perdão promove a inovação; e a compaixão gera lealdade organizacional.

No entanto, nos últimos anos, assistimos a uma série de escândalos corporativos que levaram ao colapso de grandes organizações ou a enormes danos à reputação delas. Pense na indústria bancária durante a crise financeira ou no escândalo das emissões de poluentes da Volkswagen. Em muitos casos, essas organizações eram chefiadas por líderes intelectualmente inteligentes (QI), orientados para as pessoas (QE) e politicamente inteligentes (QP). Mas, apesar disso, eles não conseguiram gerar valor sustentável. Isso pode, em parte, ser atribuído à falta de inteligência moral.

Paixão, humildade, energia, capacidade de lidar com as adversidades e o desejo de dar o seu melhor em todos os momentos são os requisitos mínimos de QM para aqueles que aspiram a liderar. Os funcionários observam e aprendem com seus líderes, e quando aqueles que são os modelos comportamentais dão um mau exemplo, você pode esperar que aqueles que os seguem imitarão esse comportamento.

Há muitos líderes em Wall Street e em outros centros financeiros, bem como em organizações governamentais ao redor do mundo, com um nível comprovadamente baixo de QM. Bernie Madoff, por exemplo, foi, sem dúvida, um homem esperto, de fala tranquila e especialista em lidar com reguladores, investidores e jornalistas ao longo de várias décadas. No entanto, sua falta de inteligência moral, em última análise, revelou a fundação insustentável de seu império.

A função de verificação oferecida pelo QM não deve ser vista como uma restrição, mas como uma habilidade que permite que os gestores se concentrem na credibilidade a longo prazo ou no sucesso de uma organização, às vezes às custas dos ganhos a curto prazo. No nosso exemplo, Jim se manteve focado. Sem uma perspectiva moral, os altos e baixos do governo continuarão gerando políticas mal concebidas. O fracasso das lideranças social, política e empresarial, que conduziu à crise financeira, nos lembra da necessidade urgente de rever os atuais modelos de liderança, tanto para as empresas quanto para as organizações governamentais.

O QM tem dois componentes. Primeiro, você enquanto pessoa: suas intenções e valores. Segundo, as exigências da situação em que você se encontra. Bons líderes estão, invariavelmente, associados à liderança ética. Os líderes éticos colocam as necessidades de seus seguidores acima das suas próprias, e exemplificam virtudes privadas, como coragem e honestidade, enquanto lideram tendo em vista o bem comum.

Líderes antiéticos não fazem nada disso, mas a má liderança pode ser corrigida se a ação for consciente e deliberada. A moralidade no trabalho se traduz em ética aplicada, que inclui limitar a posse, compartilhar poder, resistir à arrogância, permanecer em contato com a realidade, manter um equilíbrio sensato entre trabalho e vida pessoal, lembrar o propósito da organização, permanecer saudável, ser criativo e reservar tempo regular para a contemplação.

Os líderes também podem melhorar a sua aplicação do QM, estabelecendo e promovendo uma cultura de transparência. Isso pode ser demonstrado pela decisão de nomear um intermediário, como um ouvidor por exemplo, incentivando a colocação de consultores independentes fortes, divulgando informações confiáveis e completas e estabelecendo um sistema transparente de freios e contrapesos. Um comportamento antiético, quando descoberto, resulta na perda de confiança dos investidores, em reputações irrevogavelmente manchadas, regulamentação indesejável, exigências públicas de legislação, treinamento aprimorado e introdução de diretores independentes.

Por vezes, esses efeitos não são o resultado de pessoas intencionalmente más. Por quê? Por causa da situação. Não importa o quão ética ou bem intencionada seja a equipe, a realidade de operar em regimes de governança internacional significa ter que enfrentar decisões difíceis, que diferem consideravelmente dos dilemas pessoais cotidianos. Por exemplo, o que fazer em um país no qual o suborno é a forma de fazer negócios? O instinto imediato é não subornar, no entanto, se isso não for feito, pode gerar repercussões que incluem perda substancial de rendimento, queda no preço das ações, perda de mercados e, possivelmente, a demissão de 5 mil pessoas. Fazer a coisa certa muitas vezes custa caro. Portanto, hoje, em um mundo de crescente desigualdade e corrupção governamental, os gerentes seniores enfrentam uma série de dilemas indesejados. Não há um caminho fácil, e por isso é comum os líderes tentarem se comportar da melhor forma possível.

"Nunca mais me envolvo nisso", observou um banqueiro sênior com quem conversamos. Ele estava discutindo confidencialmente as atividades do seu banco antes da crise financeira global de 2008: "Sim, sabíamos que muitos destes instrumentos financeiros eram arriscados, mas estavam inundando o mercado com eles e todos estávamos ganhando dinheiro. Depois de algum tempo, pareceu normal, embora todos nós soubéssemos que estávamos ferrando os investidores e pessoas comuns que utilizavam suas poupanças vitalícias para obter um rendimento futuro."

VOCÊ É O QUE ACREDITA

Em muitos aspectos o QM é tão fundamental quanto o QI. A própria essência da vida é capturada em nossa ética, em nossa moral e em como elas são formadas e guiadas por aqueles que nos rodeiam.

Um dos nossos contatos era um executivo de uma empresa de tabaco. Ele era diretor da organização, apesar de acreditar que a venda de tabaco era imoral. Fazia isso porque o salário era bom, ele podia colocar os filhos em uma escola particular e dar à sua família a vida que eles queriam — ainda que a sua mulher desaprovasse o que ele fazia para ganhar a vida.

E não foi só o produto que tornou a sua vida eticamente desconfortável. Qualquer pessoa que trabalhe na indústria do tabaco provavelmente perceberá que o suborno é algo rotineiro. O nosso contato não foi exceção. Ao se reunir com alguns representantes de governo do Oriente Médio, ele costumava subornar. Muitas vezes, quando ia a uma reunião com um ministro, ficava sem saber se seria ou não preso. Um dos seus concorrentes tinha subornado um ministro duas vezes — uma para conseguir um acordo e outra para bloquear o concorrente.

O suborno se auto alimenta. O executivo do tabaco percebeu que você suborna um pouco, então suborna um pouco mais, e logo precisará subornar ainda mais as pessoas nessa rede, até que, depois de um tempo, isso se torna normal. E, enquanto isso acontecia, ele estava indo bem e era um dos melhores diretores executivos da empresa. Eventualmente, ele sentiu que a sua própria moralidade estava ficando turva e saiu. Apesar do salário ter sido severamente reduzido, ele tem se sentido mais feliz desde então. O executivo do tabaco enfrentou um dilema ético, assim como muitos gerentes. A razão para isso é a pura complexidade. Fundamentalmente, nossas organizações estão ficando maiores, então não há um único caminho a seguir. A desigualdade está se tornando mais pronunciada, e vários governos ao redor do mundo são corruptos. Estes dois fatores — desigualdade e corrupção governamental — conduzem a práticas corruptas.

A ética no seu sentido original não era uma questão de certo ou errado. O termo "ética" deriva da palavra grega *ethos*, que na verdade significa "costume" ou "uso". Não significa o que é certo ou o que é errado, mas o que é ou não feito. O fundamento original da ética não era uma posição moral; pelo contrário, era simplesmente o comportamento mais aceito. O que fizemos, especialmente no Ocidente, foi assumir uma posição moral, encarando a ética como o elemento que define o que é certo ou errado. Outras tradições de todo o mundo, desde o hinduísmo até as abordagens chinesas da filosofia, fizeram o mesmo e, portanto, perderam um conceito crítico, que explica por que as pessoas boas continuam fazendo coisas ruins.

QUAL LINHA SEGUIR?

É fácil pensar que QM é simplesmente saber onde traçar a linha. Quando o ato de aceitar um presente de um cliente ou fornecedor deixa de significar sensibilidade cultural e boas maneiras e passa a ser suborno? Quando o ato de empregar um membro da família é uma boa gestão de talentos, e quando é nepotismo?

A forma como entendemos o que é ounão ético tem implicações na forma como os líderes se comportam. Nossas visões de moralidade são moldadas pela nossa percepção do que significa ser ético. Dito de outra forma, seria muito mais fácil fazer a coisa certa se fosse claro qual é ela. Em vez disso, os gerentes muitas vezes enfrentam um labirinto moral. Isso se deve, em parte, às diferenças nas filosofias morais.

Há muitas posições éticas diferentes que vêm da filosofia moral, mas há três que se destacam.

A **deontologia** (ou ética deontológica) centra-se na correção ou incorreção das ações, em oposição à correção ou incorreção das consequências dessas ações (consequencialismo) ou ao caráter e hábitos daquele que age (ética da virtude).

O grande filósofo alemão Immanuel Kant foi um campeão da teoria deontológica da ética. Segundo Kant, certos princípios universais dominam a vida, e estão acima das exigências do contexto, das circunstâncias, da família e dos indivíduos. Então, ele promoveu a noção de virtude absoluta. A filosofia deontológica denota um profundo sentido moral e exige uma força de carácter considerável para que a pessoa possa cumprir os seus deveres. Sob a filosofia deontológica, é impossível que os fins justifiquem os meios, pois o único caminho certo e moral a seguir é fazer o que é certo. Mesmo que ninguém ganhe, pelo menos as ações foram certas.

A ética deontológica é sobre ser "preto no branco". Assim, por exemplo, considera-se que matar alguém é moralmente errado, independentemente das circunstâncias. Da mesma forma, é sempre errado roubar.

A **teleologia** (ou ética teleológica), no entanto, assume uma linha diferente. Sob essa filosofia, os fins justificam os meios, especialmente se beneficiar a comunidade. O bem maior para o maior número se pessoas foi a posição moral original na antiga Atenas, e sustenta as ideias do filósofo inglês Jeremy Bentham. Em outras palavras, não existe certo ou errado, então é necessário identificar o que é melhor para nós nessas circunstâncias.

A teleologia, portanto, é uma teoria da moralidade que gera dever ou obrigação moral de fazer o que é bom ou desejável como um fim a ser alcançado. As teorias do tipo utilitarista sustentam que o fim consiste em uma experiência ou sentimento, ou seja, os fins justificam os meios. Então, na ética teleológica, é moralmente aceitável matar alguém em legítima defesa, ou que um pai roube para alimentar seus filhos.

Com um deontologista, a questão não é apenas "Qual é a coisa certa a fazer?", mas também "Qual é a maneira certa de fazer?". Para um teleólogo, pode haver uma coisa certa a fazer, mas precisamos estar conscientes de todas as pessoas à nossa volta. A nossa maneira de fazer algo pode ser imoral, mas a intenção deve ser totalmente moral.

A terceira filosofia moral, **relativismo** ou **realismo moral** (ou objetivismo moral), argumenta que existem fatos e valores morais, e que eles independem da nossa percepção ou de nossas crenças, sentimentos ou outras atitudes em relação a eles.

Praticar o relativismo moral envolve a adaptação ao código moral de cada contexto. Isto é, "quando em Roma, faça como os romanos". O relativismo é a principal posição contextualista, o que significa que você mudará sua filosofia moral de acordo com a sua situação em um determinado momento. No atual mundo dos negócios, a teleologia e a deontologia dominam e, muitas vezes, coexistem em um estranho padrão duplo. O relativismo é mais óbvio em termos de cultura. Assim, a maioria de nós ajusta as diferentes normas culturais de comportamento, incluindo o que vestimos, comemos, bebemos e assim por diante quando viajamos ou vivemos em outro país, mas é provável que não alteremos a nossa postura ética.

Certamente, existem poucos gerentes e corporações, hoje em dia, que realmente assumiram uma posição relativista, declarando por exemplo que, na Nigéria, nós subornamos — e isso é absolutamente certo —, seremos transparentes a respeito disso e fazê-lo muito melhor do que qualquer outra pessoa.

NAVEGANDO PELO LABIRINTO MORAL

Então, do ponto de vista da prática do QM, há três limites morais diferentes que o gestor pode traçar: o que é absolutamente certo ou errado (deontológico); o que busca o bem maior (teleológico); ou o relativismo. Entre estas filosofias existem tensões e contradições inerentes.

A alta gerência enfrenta o seguinte paradoxo: "Sou julgado deontologicamente, mas tenho que negociar teleologicamente. E, para que isso seja feito, preciso me comportar de acordo com o relativismo." Não há saída para isso. Todas as três posições morais estão correndo ao mesmo tempo. Isso dá origem à estranha duplicidade de critérios citada anteriormente.

Portanto, os requisitos de governança são, por exemplo, não subornar, não intimidar e assim por diante. Mas o que você faz quando está operando em países onde tais práticas são disseminadas? A resposta é que o comportamento varia de acordo com o contexto.

Assim, descobrimos com o QM que não há consistência dentro das organizações. Eles podem usar palavras de QM muito extravagantes, mas a prática é muito diferente, por causa da liberdade e da liderança.

Hoje em dia, a maioria de nós é guiada pelas consequências. Como você se sentiria se encontrasse uma criança da sua família, que você ama muito, roubando? Como a veria? Como moralmente errada? Ou como uma criança em apuros, que realmente precisa da sua ajuda e orientação agora mais do que nunca? Se for o último caso, então você só a manteria afastada da polícia por saber que ela é uma criança vulnerável. Você sabe que a principal filosofia moral da família só teria permitido que ela chegasse a este ponto caso estivesse desesperada, então a conclusão é que essa criança está passando por sérias dificuldades, e, se você colocar mais pressão sobre ela, corre o risco de empurrá-la para uma posição irreversível.

Hoje, a realidade é que a maioria das empresas — a menos que estejam na Ásia — não estão em mercados em crescimento. A maior parte do resto do mundo está lidando com mercados saturados. A consequência do QM é que os seus produtos e serviços já não oferecem a vantagem competitiva, a menos que tenha uma tecnologia muito inovadora por trás. Isso significa que as principais fontes de vantagem competitiva são a forma como se negoceia, o respeito que se estabelece, a reputação que se precisa defender. Logo, o QM é cada vez mais importante, deixou de ser uma forma de fazer as coisas e passou a ser uma consideração para a vantagem competitiva.

E como as empresas se comportam? Elas dizem: ganhe dinheiro e corte custos e terceirize e seja moral.

Observe que entre cada uma dessas palavras há um "e". No entanto, esses imperativos podem estar — e muitas vezes estão — em conflito uns com os outros.

Vimos isso com a Volkswagen e o seu escândalo de testes de emissões. É possível que vejamos isso novamente caso investiguem outras empresas de automóveis. Nós realmente acreditamos que só a VW fraudou os testes de emissões? Acreditamos mesmo que os engenheiros e gestores seniores de todas as outras empresas de automóveis eram muito mais inteligentes do que os da VW? A única razão pela qual ninguém se atreve a falar de outra pessoa é porque estavam todos no mesmo barco e, portanto, a indústria automobilística, tal qual a indústria financeira, é efetivamente teleológica: movida pelas consequências.

À medida que os nossos mercados vão ficando saturados, as empresas se tornam cada vez mais motivadas pelas consequências. Então, quais são os grandes dilemas éticos que enfrentamos hoje?

A realidade é que os negócios são impulsionados por líderes que seguem a filosofia teleológica, porque, se não fosse dessa forma, não conseguiriam exercer a função deles. Como você pode estabelecer relações com outros presidentes e CEOs de outros países, ministros de Estado e assim por diante, relações que você precisa ter para garantir contratos com grandes empresas, se você mesmo não compartilha da filosofia teleológica deles?

Como você poderia esperar ganhar um contrato de 10 bilhões de dólares para extrair zinco em um país de governança diferente, se, no momento em que entra na sala, diz que é errado subornar? O suborno, em certos países, é uma prática comum. Logo, se a sua empresa tiver um CEO deontológico, significa que você criará desconforto. Essa pessoa pode estar absolutamente certa, mas em um mundo teleológico, uma pessoa deontológica automaticamente cria diferenças.

Quais são as grandes questões éticas que as empresas enfrentam hoje em dia? A primeira questão interna é uma cultura que encoraja a intimidação. A ironia é que muitos dos indivíduos que intimidam pensam que estão fazendo a coisa certa. Preciso atingir as minhas metas, eles raciocinam, por isso preciso ser inflexível. Preciso atingir esses objetivos, por isso preciso ser disciplinado. Dessa forma, eles se mostram antipáticos. No entanto, a questão permanece: quando é que ser disciplinado se torna intimidação?

É verdade que, como líder, você talvez precise conduzir a empresa através de um contexto que está impedindo o crescimento dela. Poderá ter que fazer mudanças radicais ou reduzir custos. Mas, por que você precisa assediar as pessoas com quem trabalha? Por que é necessário intimidá-las? E por que permitir que essa prática continue até que se torne norma? O auge da intimidação e do assédio é quando ninguém se atreve a falar. As pessoas estão sofrendo, e os gerentes que estão sendo intimidadores realmente pensam que estão moralmente certos.

Esse fenômeno é destacado no último livro de Al Gore, *An Inconvenient Sequel: Truth to Power*. Muitas empresas enfrentam o mesmo problema – aqueles que estão no poder intimidam as pessoas ao redor e silenciam a sua oposição. Na esfera política, isso fica evidente nos estilos de liderança extremos de Donald Trump e Vladimir Putin.

O problema é que, em muitas empresas, as pessoas têm tanto medo de falar que os líderes poderosos agem como valentões, que nunca questionam o próprio comportamento.

Por que a intimidação continua? Do ponto de vista ético, é devido ao poder do relativismo. Veja o caso extremo do enfermeiro Nils Högel, assassino em série alemão. Högel foi condenado a prisão perpétua pelo assassinato de seis pacientes, e recentemente confessou ter matado trinta. Em 2017, uma investigação policial concluiu que ele era o possível responsável por pelo menos noventa mortes.

Agora, a polícia alemã está investigando quantos colegas de Högel sabiam o que se passava e não manifestarem as suas preocupações.

POR QUE AS PESSOAS BOAS FAZEM COISAS MÁS?

Claramente, o exemplo acima é extremo, mas aponta para uma cultura de silêncio que as pessoas não estão dispostas a quebrar, mesmo quando existem vidas em risco. Nos negócios, é mais provável que empregos ou dinheiro estejam em jogo. Mas o resultado pode ser o mesmo. O paradoxo moral é mais pronunciado no topo da organização, no nível de liderança sênior.

O ponto aqui é que todas as três posições morais correm ao mesmo tempo: você é julgado deontologicamente; precisa considerar o bem maior teleologicamente e, ainda assim, se comportar de acordo com as pressões relativistas. Na realidade, existe uma relação dinâmica entre as três posições em que os gerentes seniores (e todos nós) precisam navegar. Muitas pessoas que se comportam de maneira antiética foram intimidadas a fazer coisas más.

Diferentes atitudes em relação ao suborno, por exemplo, criam uma sala de espelhos ética — e um labirinto moral. Em alguns países africanos e sul-americanos, como a Nigéria e a Venezuela, o suborno é a norma. Então, para entrar nesses lugares, você é obrigado a adotar as mesmas atitudes e práticas.

A nossa pesquisa sugere que as empresas que não subornam nesses países são geralmente start-ups. Em um caso específico, o CEO de uma start-up de energia da África do Sul recebeu várias visitas desagradáveis do Congresso Nacional Africano à meia-noite. Mas ele se recusou a participar de qualquer tipo de corrupção. Nomeou uma equipe muito boa e eles foram bem-sucedidos. O problema era que, à medida que o negócio crescia, a empresa tinha que se sustentar cobrindo seus custos e obtendo lucro. Isso significava que ela estava lidando com agências de vários níveis — governo nacional, regional e local. Os gerentes foram, inevitavelmente, forçados a subornar.

O suborno parece ocorrer quando uma empresa cresce para além de uma determinada dimensão — quando atinge o M das PME (pequenas e médias empresas). A razão é que ela está lidando com o governo, que, em muitas partes do mundo, é corrupto; e a vida nas comunidades locais é desigual, com altos níveis de pobreza e assim por diante. Então, o que fazer?

Nossa pesquisa encontrou diferentes tipos de comportamento em diferentes níveis de organização. Os GGs, os chefes nacionais e os regionais normalmente eram sinceros no que diziam. Na maioria dos casos, sua orientação moral indicava que eles deveriam ser bons cidadãos corporativos. Em outras palavras, eles colocam o bem maior da empresa em primeiro lugar (seguindo uma moralidade teleológica). Mas isto pode não ser correspondido pela postura ética dos executivos.

Em casos extremos, a equipe de executivos pode efetivamente colocar os GGs em apuros. Uma empresa alemã que contatamos, por exemplo, estava no comércio de recursos na América do Sul, e por isso lidava com países como a Colômbia e a Venezuela. A empresa estava construindo estradas e trabalhando com a extração de produtos. Um novo CEO, nomeado na Alemanha, disse que não haveria mais suborno. Mas a estrutura econômica da empresa indicava que entre 85% e 90% dos lucros na América do Sul eram provenientes de suborno. Por isso, tornou-se uma prática comum. Já não era considerado suborno; em vez disso, era marketing.

O novo CEO insistiu que qualquer um dos GGs ou chefes nacionais que fosse pego subornando não receberia qualquer apoio financeiro ou legal. Então, por serem bons cidadãos corporativos e colocarem os interesses da empresa em primeiro lugar, os gerentes das filiais estrangeiras provavelmente iriam acabar na prisão. Eles não sabiam o que fazer, então se queixaram com um consultor externo que conhecia bem a cultura da organização. Também apelaram para o secretário da empresa, que era um indivíduo muito decente. Diante de uma situação em que a necessidade moral de atingir metas de performance levou a um comportamento imoral, o secretário corporativo ficou sem saber como agir. Qual moralidade os gerentes deveriam realmente seguir?

O secretário sentiu que a empresa deveria decidir entre impedir que os gerentes subornassem e aceitar que não bateriam as metas ou continuar operando nos mesmos moldes de antes. O que era moralmente inaceitável, no seu entender, era deliberadamente pôr os GGS em risco. Sem saber o que aconselhar, demitiu-se.

E assim os gerentes se sentiram ainda mais em risco. O consultor externo conhecia o CEO recém-nomeado, então teve uma conversa franca com ele. Nela, o CEO admitiu saber que o suborno era uma prática comum e que a empresa não conseguiria funcionar sem ele. O consultor perguntou: "Por que você está fazendo isso, se sabe que o suborno é uma parte inerente do negócio? Se é assim tão mal e você acha que é errado, por que não vende a empresa?" O CEO disse que o negócio era muito lucrativo e que não consideraria vendê-lo.

Ele admitiu que a reputação e o aumento da atenção da imprensa seriam fatores estratégicos importante sob sua liderança, e que estava preparado para sacrificar seus GGS, quebrando a cultura de confiança. Era um negócio de comodities, argumentou, e os GGS eram uma. O consultor ficou chocado, mas o CEO argumentou que, mesmo que dois ou três deles fossem presos, e outros dois ou três renunciassem, ele poderia trazer novos GGS que ficariam por quatro ou cinco anos.

Então a questão é, quem estava se comportando de forma imoral? Os GGS, que estavam fazendo o melhor que podiam, correndo riscos pessoais? Ou o CEO, que se contentou em tratar os gerentes como unidades descartáveis?

Eventualmente, a empresa foi vendida, o CEO demitido, e agora ela está subornando ainda mais sob a proteção de outra empresa.

Esse tipo de duplicidade de critérios não é tão raro quanto se pensa. O exemplo acima destaca a posição impossível em que os gerentes podem se encontrar — mesmo aqueles com MQS altos. Na verdade, descobrimos que os que têm o mais alto nível de orientação moral são os GGS. Isso porque são eles que estão diretamente expostos aos mercados, e são eles que precisam demonstrar um comportamento (moral) aceitável dentro da empresa.

Os GGs precisam demonstrar alto QM porque são eles que realmente fazem o trabalho. O desafio de fazer com que a estratégia funcione recai sobre eles, e não sobre os executivos. Muitas vezes isso significa um malabarismo ético muito difícil.

MISSÃO IMPOSSÍVEL

Um GG com quem falamos descreveu a sua posição ética como "missão impossível". É aqui que a ligação entre QM e QR é mais aparente. É preciso muita resiliência para dar sentido aos dilemas éticos que os GGs enfrentam rotineiramente, e ainda mais resiliência para traçar as linhas éticas.

Você precisa de muito QR para ser um GG eficaz, especialmente se você tem um QM elevado e procura mudar o clima ético em que opera. Nos poucos casos em que encontramos exemplos de uma empresa tentando mudar as condições locais, era sempre o GG — às vezes sem a permissão ou apoio da matriz que estava liderando a mudança.

Um gerente estava alocado em Singapura, e a empresa estava operando no Vietnã e nas Filipinas. Ele estava determinado a proibir o suborno — e alcançou seu objetivo sem sacrificar seus gerentes operacionais. Levou cerca de três anos, período típico das tentativas de erradicação do suborno. A razão para isso é que há outro imperativo moral: as pessoas contratadas para a empresa através da cadeia de suprimentos. A empresa tem uma responsabilidade com elas, e muitos são pequenos empreendedores que não sabem mais o que fazer. Então você está tentando mudar uma cultura ao mesmo tempo em que tenta cumprir a obrigação moral de manter as pessoas no emprego e não prejudicar ainda mais a economia local.

A ideia de que uma empresa pode simplesmente deixar de subornar é simplista e tem imensas consequências morais e económicas nos mercados locais. O GG em Singapura decidiu abordar a questão de frente, porque ele percebeu que as pessoas mais em risco não eram os funcionários da empresa, mas sim os fornecedores locais. Muitas vezes, uma cultura de suborno é a última coisa que a pessoa que dirige um negócio pequeno quer. Elas odeiam isso. Não querem gastar mais dinheiro. Só querem uma vida normal.

Subornar ou não subornar
Moralidade ou ética são princípios que demonstram comportamentos certos e errados. Uma das grandes questões éticas atuais é o suborno, que agora parece estar em seus níveis mais altos. A partir de nossas discussões confidenciais de coaching com GGs e executivos *C-level*, estimamos que cerca de 80% das corporações ocidentais subornam regularmente, ao menos uma vez por mês. Naturalmente, isso está bem escondido dentro da cadeia de abastecimento por meio de múltiplas relações de agência.

Uma interpretação comum da ética é a adoção de uma perspectiva moralista usando protocolos e interpretações de caminhos certos e errados para resolver dilemas. Esta abordagem é inerentemente julgadora.

O ponto de vista contextualista é diferente. Cabe a você encontrar maneiras de superar obstáculos morais desconfortáveis e até mesmo intransponíveis. Imagine que a sua empresa foi flagrada subornando. Os executivos ofensores são removidos. Programas culturais e éticos são implementados para todo a equipe e gerência. A mudança é provocada, e a reputação da empresa melhora. No entanto, nada mudou no país onde o suborno ocorreu. Então, o que fazer a seguir? Somente quando os líderes defendem e demonstram, de forma consistente e pessoal, os padrões de ética e de comportamento, é que a governança corporativa pode ter algum significado real dentro de uma organização.

Muitas vezes há um sentimento tangível de espanto quando os diretores ligados ao suborno escapam de qualquer processo judicial real e recebem rescisões exorbitantes, enquanto as organizações fazem o seu melhor para ignorar as exigências do público que deixa de comprar serviços ou produtos em protesto contra práticas antiéticas. As organizações precisam de pessoas que sejam capazes de distinguir entre comportamentos corretos e incorretos e que tenham a coragem para defender suas convicções. Pela nossa experiência, a grande maioria dos líderes sabe o que é certo e errado, mas a maneira como agem é uma outra história. Líderes estão percebendo que o mundo é um lugar complexo e exigente, e que os pressupostos do que é preciso para ser um líder bem sucedido são, agora, muito diferentes em comparação com o passado.

Os princípios da inteligência moral — integridade, responsabilidade, compaixão e cuidado — não podem ser estabelecidos em uma base de tempo parcial. O comportamento do líder, suas respostas aos erros dos outros e reação aos desapontamentos oferecem *insights* reveladores sobre o caráter do líder e os verdadeiros valores de uma organização. Leva-se tempo para construir confiança e, quando ela é violada, os relacionamentos são alterados e podem ser difíceis de reconstruir. É por isso que o QM é importante.

O comportamento antiético só pode ser desafiado quando os líderes desenvolvem expertise funcional e conhecimento organizacional. Eles devem investir na construção de habilidades sociais, aprender a melhor forma de trabalhar e ter empatia com os outros. Ética é um termo filosófico que reflete o caráter de um indivíduo e de uma organização, em última instância, transmitindo um significado de integridade moral e aplicação consistente de valores de serviço ao público. Representa o que é moralmente aceito como "bom" e "certo" em ambientes específicos. O desafio do que constitui o comportamento ético reside em uma zona cinzenta, onde nem sempre existem decisões e resultados claros.

O conceito de ética está intimamente ligado ao de valores e crenças duradouras, que influenciam as escolhas que os líderes fazem.

Enquanto alguns valores — como riqueza e sucesso — têm pouca conexão direta com a ética, outros — como justiça e honestidade — estão preocupados com o que é certo e, portanto, podem ser descritos como valores éticos.

A ligação crítica entre ética e valores é que os padrões e princípios éticos podem, e são, aplicados à resolução de conflitos e dilemas de valores. O que é evidente é que esses conflitos, dilemas e desalinhamentos persistentes agora são maiores e estão se tornando mais visíveis do que nunca. Por quê? Como foi dito ao longo deste capítulo, tornou-se uma questão de complexidade crescente, devido ao fato das organizações estarem cada vez maiores; à mistura de política e estratégia, comunidade e negócios; e um desespero para atender as demandas dos acionistas e *stakeholders*. Então, o que pode ser feito, especialmente quando esses dilemas estão expostos aos olhos do público?

NEGÓCIOS VS IMPERATIVOS MORAIS

Uma das coisas interessantes sobre o QM é a forma como tratamos a moralidade hoje. Você tem que ser bom nos negócios, cortar custos, ter lucro e, a propósito, será que também consegue ser moral? Alguma coisa acaba ficando para trás. O que está faltando na maioria dos negócios (e aliás ainda não está sendo ensinado na maioria das escolas de negócios) é a necessidade de estabelecer uma posição moral que determina como você lida com os custos, com o lucro e com as perdas de emprego e outros custos humanos. Isso requer uma filosofia profunda em nível organizacional, que é imprescindível para a cultura que impulsiona o lugar.

No entanto, não é dessa forma que estamos lidando com as nossas instituições. Lidamos com elas como se fossem uma série de exigências: lucrar, cortar custos, terceirizar e ser moral, quase como uma série de técnicas ou ferramentas. É por isso que encontramos massas de dilemas éticos — porque estamos maltratando o que é o QM.

Não estamos tratando as dimensões morais com o mesmo respeito com que tratamos os outros Qs. É simples assim.

Uma das razões pelas quais toleramos ações imorais é porque não sabemos como lidar com ações morais. Se soubéssemos, não faríamos nossas organizações reféns do lucro, forçando os gerentes a cortarem custos, terceirizarem e serem antiéticos. Em vez disso, colocaríamos o código moral em primeiro lugar e permitiríamos que isso determinasse as outras decisões e suas consequências.

PENSANDO NO CURTO E NO LONGO PRAZO

A nossa pesquisa descobriu que os GGs normalmente faziam o que diziam. Os gerentes da mais alta posição moral não só tentam preservar sua cultura interna, mas também tentam mudar a cultura externa. Muitas vezes, fizeram isso apesar de serem pressionados (de maneira implícita) a não fazer, porque isso poderia perturbar a presença da empresa no país. E, muitas vezes, a sede estava mais preocupada com a forma como o governo nacional reagiria a uma reforma em curso a nível local.

Nem sempre era esse o caso quando se tratava dos executivos. Dentro da empresa, havia muita retórica sobre o comportamento moral e interno, que era perseguido em diferentes graus. Externamente, porém, não era tanto assim. Para os executivos, o preço das ações era uma das questões mais sagradas a serem defendidas. Permitir qualquer circunstância que comprometa a vantagem competitiva pode afetar o preço das ações.

Isso significa que, quando se trata de QM, em muitos casos, os GGs estão pensando mais a longo prazo do que os gerentes seniores. Os executivos estão pensando no efeito imediato no preço das ações. E o conselho, que está preocupado com a governança, está pensando ainda mais a curto prazo.

Basicamente, a governança se divide em duas categorias: o lado da conformidade, que é o que a maioria dos conselhos cuida, e o lado da administração, ou seja, a supervisão, que determina o verdadeiro tom moral de governança da empresa.

O conselho é o único órgão que pode abordar ou trabalhar as questões culturais com o CEO e a equipe de executivos. Em pesquisas anteriores dos autores, esta frase surgiu: A gerência é dona da estratégia, mas o conselho é dono da cultura.

Isso requer administração, e administração requer a descoberta do que realmente está acontecendo no terreno. Então, talvez você precise visitar a Nigéria ou a África do Sul para descobrir o que está acontecendo, e a maioria dos membros do conselho sabe disso. Se houver relutância em praticar a administração, isso pode repercutir indiretamente na sustentabilidade da empresa a longo prazo, independente do que estiver acontecendo nos países em desenvolvimento, incluindo o suborno. A falta de administração muitas vezes significa que as questões culturais dentro da empresa não são abordadas porque o CEO, em particular, e os membros da equipe de executivos recebem licença para operar da maneira que desejam. No entanto, ao não estabelecer esses limites morais, a equipe de gerenciamento sênior está acumulando problemas para mais tarde.

LIDERANÇA BASEADA NA VISÃO VS LIDERANÇA BASEADA NA MISSÃO

Os gerentes seniores estão em uma posição difícil quando se trata de dilemas morais. Então o que eles podem fazer para mitigar as tensões e ajudar seus GGs?

O primeiro passo é reconhecer a complexidade existente e os dilemas éticos que ela pode criar. Isso requer muita atenção e a construção de confiança internamente, mas apenas ter uma conversa já pode fazer uma grande diferença.

Quando descobrimos empresas que tinham feito algo para resolver esses problemas, elas tinham uma característica em comum. Não era apenas a orientação moral dos líderes, mas o fato da empresa estar orientada para a missão. Então, por exemplo, empresas como a John Lewis Partnership e a Caterpillar lidam com as dimensões morais de seus negócios de maneira mais direta e têm uma melhor abordagem a longo prazo. Para elas, ser a maior, a melhor, a mais poderosa, a mais dominante no mercado não é o problema. Elas vivem do valor que criam e dos que aderem.

Assim, John Lewis valoriza o serviço e a Caterpillar valoriza a qualidade. E esses valores determinam ações estratégicas. Portanto, se a empresa vai ter muito lucro, mas o serviço vai ser prejudicado, a John Lewis não seguirá essa estratégia, mesmo que isso signifique não abrir uma nova loja. E essa tem sido uma das principais razões pelas quais a sua cadeia de supermercados, a Waitrose, tem se limitado a mercados muito específicos. A Waitrose não vai para o exterior, porque eles estão preocupados que o serviço não seja satisfatório.

Da mesma forma, nas várias ocasiões em que a Caterpillar estava sobrecarregada, a empresa se absteve de entrar em um novo mercado, porque a qualidade poderia estar comprometida. No início de sua atuação na China, por exemplo, como não era possível controlar o que estava acontecendo lá, especialmente ao lidar com o governo, a empresa foi cautelosa com a expansão e acabou ficando sob tremenda pressão dos acionistas e da mídia. Mas o conselho e a gerência não mudaram de posição. Agora, ela está presente na China, mas investiu fortemente para tratar o país como se fosse os Estados Unidos.

A diferença aqui é entre empresas baseadas na missão e empresas baseadas na visão, e nós nos referimos a essa diferença em vários pontos deste livro. As empresas baseadas na visão, que frequentemente seguem a visão de uma pessoa ou de um pequeno grupo, são as mais vulneráveis às fraquezas éticas. Isso porque os verdadeiros valores não são os da empresa, e os limites morais não estão demarcados de forma clara e consistente.

Em pesquisa anterior, envolvendo entrevistas com gestores de mais de oitenta organizações, descobrimos que apenas 18% das organizações realmente tinham uma verdadeira base de missão. E isso não tinha nada a ver com a geografia.[2] As empresas que mais se destacam nas condições

---

2. Andrew Kakabadse, *The Success Formula: How Smart Leaders Deliver Outstanding Value* (Londres: Bloomsbury, 2016).

mais difíceis proporcionaram, de fato, ótimas condições aos seus trabalhadores nesse contexto. Em um caso específico, uma empresa na China dirigida por chineses, não ocidentais, havia eliminado todas as formas de corrupção. Mas, virando a esquina, outra empresa pode estar subornando, explorando pessoas, etc.

Portanto, a orientação baseada na missão é muito dependente dos valores originais da empresa. A Caterpillar foi fundada em 1917 e, devido aos seus valores originais, sobreviveu à década de 1930, quando vendeu tratores durante a Grande Depressão. Os seus valores são praticamente os mesmos hoje em dia.

Portanto, o primeiro ponto é reconhecer as dificuldades e tensões éticas criadas pela realização de negócios em diferentes mercados e partes do mundo.

Em segundo lugar, é importante estabelecer e manter uma cultura que permita uma conversa ética. Isso porque, fundamentalmente, quando você tem uma conversa sobre, digamos, suborno, está reconhecendo que ele acontece e, por implicação, significa que você deu permissão para que ele acontecesse. E isso é infringir a lei. Portanto, é difícil ter essa conversa. Mas algumas empresas conseguem.

O terceiro caminho a seguir é perguntar se você se baseia na missão ou na visão, e o que é preciso para ter valores que estejam plenamente integrados ao pensamento econômico e aos critérios econômicos da organização.

A outra alternativa é se dispor a continuar sacrificando seus GGs em um duplo padrão moral. Estávamos na conferência de uma empresa, com os 250 melhores líderes, incluindo a equipe de executivos, conselho e gerência geral. O CEO se levantou e disse: "Nós não subornamos mais", e todo o lugar explodiu em risada. Até ele riu um pouco de si mesmo (mas não muito, obviamente), como fizeram os membros do conselho.

E todos o aplaudiram. Então, só para confirmar, perguntamos: "Por que estão batendo palmas?" E um gerente disse: "Esta é a melhor piada do ano."

A realidade dessa empresa, e de muitas outras, é que a gerência sênior está tentando gerenciar um paradoxo impossível, dando aprovação tácita a um duplo padrão de moral. E estão fazendo isso muito bem. Mas, quanto mais e melhor elas fazem, mais o contexto local sofre, e mais as desigualdades e privações aumentam. A curto prazo, a empresa sobrevive e tem lucro. Mas os danos a longo prazo e o risco à reputação são imensos. O melhor caminho a seguir deve ser a reflexão moral dos altos executivos. Muitos consideram que podem ser tanto deontológicos como teleológicos. Em outras palavras, "posso fazer a coisa certa e ser moralmente flexível". Mas, de fato, ao longo dos séculos, essa se mostrou a única coisa que as pessoas não conseguem fazer. Isto é amoral. Não se pode dizer que com você é tudo preto no branco, e depois fechar os olhos. Assim como não se pode dissimular até ser descoberto e depois colocar a sua equipe em mais lençóis.

Então, quando essa conversa acontece, todos podem ver o que você está fazendo. Você está dizendo que com você é tudo preto no branco para todo mundo, exceto a si mesmo, seus amigos, sua família, seu círculo privado. E isso prejudica muito a confiança.

Isso levanta a questão da autenticidade. Ser deontológico com o resto da organização, mas teleológico com você mesmo e seu círculo privado, é a melhor maneira de garantir que você seja visto como não autêntico. E é assim que as pessoas lidarão com você. Tudo parecerá bem na sua frente, mas ninguém confiará em você.

Então, quando essa auto-confrontação ocorre, as melhorias normalmente seguem. E as verdadeiras questões que se colocam são as seguintes: como vou traçar um limite moral? E quais perdas econômicas irei aceitar?

Sem um debate sério e honesto sobre a dimensão moral dos negócios, os escândalos corporativos continuarão acontecendo, a reputação e o status dos líderes empresariais continuarão sendo prejudicados e os danos à vida das pessoas — as vítimas dentro e fora das corporações — se perpetuarão.

PONTOS DE AÇÃO

A pesquisa sobre o QM mostra que a consciência moral é uma necessidade para os líderes de hoje. Precisamos confiar em nossos líderes, sejam eles da política ou dos negócios.

Avaliando sua liderança QM:

- Atualmente, confiança está em voga por causa das redes sociais e outras formas de comunicação. Como você vai gerenciar essa transparência?

- Os gerentes, agora, enfrentam mais dilemas do que nunca, e muitos não são de sua autoria. Isso significa que a consciência moral de cada líder passou a ser uma questão vital, o que provavelmente não era, nem mesmo dez anos atrás. O problema é que há três perspectivas morais muito diferentes que você pode adotar. Muitas vezes, elas caminham juntas. Qual das três posições morais (certo e errado, bem maior para o maior número ou "quando em Roma...") você adota? Onde encontrar a sua bússola moral?

- A clareza é muito importante. É vital chegar a um acordo sobre qual é a sua linha e ser realista em relação a ela. Não há nada de errado em admitir para si mesmo que seu verdadeiro posicionamento moral é o bem maior para o maior número de pessoas, se for esse o caso, haverá baixas, por exemplo; ou que seu posicionamento é o "quando em Roma, faça como os romanos", o que significa que você poderá ser criticado por mudar sua posição de um contexto para outro. O importante é ser claro. Você consegue aplicar esse tipo de objetividade e clareza à sua tomada de decisão?

- Como líder, você é um modelo moral para as pessoas mais jovens ou mais baixas da organização. O que deseja mostrar a elas?

- Devido ao fato de sua clareza ser visível, duas coisas emergem. Primeiro, mesmo quando não está sendo autêntico, as outras pessoas ainda conseguem confiar em você, porque Vvocê está sendo honesto. Em segundo lugar, a forma como age pode melhorar a situação, pois pode fazer com que as pessoas tenham simpatia. Você tem a força necessária para tomar decisões difíceis?

6
OS 5QS NO TRABALHO

Nos primeiros cinco capítulos, examinamos os 5Qs e exploramos o porquê deles serem as capacidades exigidas dos líderes. Este último capítulo fornece uma visão geral de como os 5Qs funcionam em diferentes domínios de trabalho (os níveis da organização) e na transição entre eles.

Especificamente, este capítulo explora qual dos Qs é mais relevante para cada um dos quatro domínios de trabalho de liderança: gerência operacional, gerência geral, liderança estratégica (executivos) e liderança de governança (conselho).

OS QUATRO DOMÍNIOS DE TRABALHO

O primeiro domínio de trabalho é o nível da gerência operacional, tipicamente as gerências intermediária e júnior, responsáveis pela entrega.

O segundo, é a gerência geral, nível no qual a estratégia e a execução se esbarram. É um ponto de encontro muito sensível — e de fratura. É aqui que as coisas costumam dar errado.

O terceiro domínio de trabalho é a liderança estratégica, a liderança executiva da organização.

O quarto domínio é a supervisão, ou governança, liderança, o nível do conselho.

Nós observamos quais dos Qs são mais usados do que os outros nestes quatro domínios de trabalho de liderança.

Em organização após organização e indústria após indústria, as regras de liderança estão mudando, e, se você não tiver todos os 5Qs, poderá muito bem ser deixado para trás. Muitas das nossas crenças e suposições de longa data estão simplesmente desatualizadas.

Em mercados maduros, é muito difícil medir ou manter uma vantagem competitiva. É um desafio constante engajar-se com seu público e com os *stakeholders* e apresentar propostas convincentes. Então, quais atributos um líder precisa ter em tal mercado? A necessidade de inteligência cognitiva (QI) está bem documentada, e ninguém discutiria com a afirmação de que um líder precisa ser capaz de aproveitar recursos, especialmente onde existem múltiplas agendas. Uma inteligência emocional avançada (QE) é claramente necessária para, através da gestão das emoções, fazer com que as equipes alcancem seu potencial. Mas, como vimos em capítulos anteriores, outras qualidades também são necessárias.

A inteligência política (QP) é a capacidade de um líder de trillhar um caminho através das diversas agendas dos *stakeholders*. E quociente de resiliência (QR) é absolutamente necessário para lidar com as pressões impostas pelo complexo ambiente de negócios dos dias atuais; ele determina a sua auto-consciência, bem como a sua capacidade de lidar com as negociações e sobreviver em contextos diversos.

Finalmente, o quociente moral (QM) está se tornando cada vez mais importante, o que significa ter que abordar a sua liderança de uma maneira ética. Mas, em muitos mercados, especialmente em países menos desenvolvidos, uma combinação de desigualdade e governos corruptos faz com que a incidência de suborno atinja proporções epidêmicas, e é cada vez mais difícil para a gerência média, em particular, impor a sua inteligência emocional e moral. Muitas vezes, ela está presa no meio, enfrentando a impossível tarefa de satisfazer tanto a gerência sênior quanto os clientes, sem sucumbir a uma cadeia de suprimentos deslegitimada. Em última análise, tais cenários são insustentáveis, pois entregam menos valor.

Os 5Qs se reúnem para informar todos os aspectos da liderança, e cada um deles pode, de diferentes maneiras, ser alimentado e praticado através da aprendizagem e desenvolvimento. O mundo está em constante mudança, e o nosso modelo do que faz um grande líder tem que ser continuamente revisto e refinado. Mas, pelo que nos diz a nossa atual pesquisa, o equilíbrio entre os 5Qs parece ser a base para uma abordagem eficaz e sustentável da liderança.

Gerentes seniores, CEOs e líderes de governo trabalham em economias e ambientes cada vez mais complexos, tecnológicos e acelerados, tendo que lidar com desafios anteriormente inexistentes. A governança contemporânea exige uma abordagem cognitiva variada e versátil dos problemas, e este quadro de resolução de problemas deve se basear nos 5Qs.

Quando aproveitadas e utilizadas de forma equilibrada, estas inteligências fornecem ao indivíduo o tipo de mentalidade holística e dinâmica capaz de analisar e resolver os problemas do mundo.

Um estudo recente sobre liderança transformacional eficaz no setor público lança luz sobre a natureza, relação e importância relativa dessas inteligências. Descobriu-se que os líderes de alta performance empregam, simultaneamente, as cinco principais inteligências de liderança para alcançar uma mudança transformacional eficaz. Assim como os ácidos nucleicos constituintes do DNA criam a substância que funciona como a estrutura para a vida humana, estes 5Qs se reúnem para definir cada aspecto da liderança.

O estudo testou este conceito em líderes de elite (ministros, subsecretários e executivos *C-level*) no Reino Unido, na Austrália e no Golfo Pérsico. Ele foi aplicado em quatro níveis críticos de liderança, de acordo com os domínios de trabalho: Entrega (operacional), Gerência Geral, Estratégia e Governança.

Estes quatro domínios refletem diferentes grupos de práticas de trabalho, que vão desde tarefas e atividades relativamente simples, que requerem pensamento racional e trabalho em equipe ao nível da "entrega", até o posicionamento complexo dos conceitos e a influência sutil dos intervenientes ao nível da "governança". Pense na pessoa responsável pelos vistos no Ministério das Relações Exteriores, no primeiro caso, e no próprio ministro, no segundo. Os líderes que trabalham em diferentes níveis e em domínios de trabalho separados requerem diferentes combinações dos 5Qs.

Nossa pesquisa destaca que os 5Qs não são praticados de forma consistente nesses quatro níveis de gestão. As letras maiores, em negrito, mostram uma utilização elevada; já as letras pequenas ilustram um uso menor (ver Figura 1).

As variações na combinação de inteligências necessárias em cada domínio de trabalho refletem as diferenças na natureza dos desafios enfrentados pelos líderes. Essas combinações mudam de acordo com a senioridade e os contextos estratégicos e operacionais enfrentados.

Embora um alto grau de QI pareça ser necessário em cada nível, o grau em que os líderes são obrigados a utilizá-lo aumenta à medida que sobem na hierarquia organizacional. Em contraste, os líderes utilizam mais o seu QE no nível de Gerência Geral e menos nos níveis de Estratégia e Governança.

Os 5Qs no trabalho

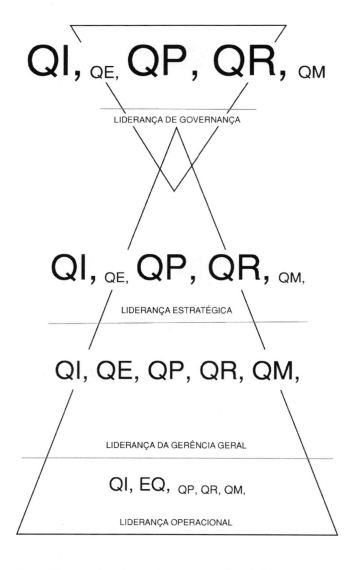

Fonte: **Figura 1. Os 5Qs em Ação: uma análise de baixo para cima**

Os líderes estratégicos de alta performance possuem a capacidade de analisar e lidar com agendas conflituosas de maneira hábil, por exemplo, entre QI e QP. Ser um *player* de equipe é importante, mas não é algo crítico a neste nível. No governo, especialmente, um alto grau de QP e QE permite que os funcionários públicos compreendam melhor os interesses e reações de todas as partes envolvidas – sendo a cidadania o fator mais importante. Compete tanto ao ministro quanto ao funcionário público encontrar caminhos através das exigências contraditórias para emergir com uma política viável e prestar serviços ao público. O cidadão pode não saber qual é a política certa, mas consegue sentir rapidamente quando não está sendo bem servido.

Olhando para essa questão mais de perto, é possível dizer que QI, QE e QP são inteligências "livres de valor". Um líder com bons resultados cognitivos, emocionais e políticos consegue aplicá-los para bons ou maus propósitos. A inteligência moral, no entanto, é por definição "valorada" e proporciona uma função de verificação ou de consciência na tomada de decisões. É curioso relatar que, quanto mais alto a pessoa chega na organização, menos éticas e morais se tornam as práticas, independentemente do que chega ao público. (Este ponto controverso foi discutido mais detalhadamente no Capítulo 5.)

O fracasso da liderança social, política e empresarial que conduziu à crise financeira nos lembra da necessidade urgente de rever os modelos de liderança atuais, tanto para as empresas quanto para as instituições governamentais.

Embora seja possível discutir se o QI é herdado ou desenvolvido ao longo do tempo, evidências sugerem que QE, QP e QM podem ser cultivados ao longo da vida ou da carreira. Um modelo de liderança que enfatize o desenvolvimento dessas inteligências servirá para preencher lacunas graves na próxima geração e ajudará a desenvolver uma estrutura de pensamento equilibrada e esclarecida para abordar problemas de estratégia, política e governança.

Em um mundo no qual a paisagem política, social e econômica muda rapidamente e sem aviso prévio, todos os líderes — especialmente no setor público — devem dispor dos elementos fundamentais que garantam resultados sustentáveis.

LIDERANÇA OPERACIONAL

No domínio da liderança operacional, o QI e o QE são os que mais contribuem. Os líderes operacionais precisam formar equipes, criar autenticidade, se entender e ser abertos. Para ser um líder operacional eficaz, também é necessário ser inteligente e ter um bom QI.

Os outros três Qs — QR, QP e QM — não são tão utilizados na função operacional. Os líderes deste nível não estão sujeitos ao mesmo tipo de pressão estratégica que os gestores gerais, logo a resiliência (QR) não é tão importante. Você não precisa traçar os mesmos limites morais. E não precisa fazer política, a não ser que esteja fazendo isso em um nível pessoal. Esses três Qs se tornam muito mais críticos quando você faz a transição para o próximo domínio de trabalho de liderança — a gerência geral.

GERÊNCIA GERAL

Na gerência geral, todos os Qs são usados o tempo todo, porque o usuário está no ponto em que a criação da estratégia encontra a execução. Muitas vezes, os GGs não estão diretamente envolvidos na criação da estratégia, mas sabem quais estratégias irão funcionar, já que são eles que, realmente, entendem o contexto dos mercados em que operam. Os GGs são, em muitos aspectos, o eixo sobre o qual a alavanca da estratégia organizacional funciona ou falha.

Portanto, o papel dele é absolutamente crítico para o sucesso da estratégia corporativa. Mas, ser um GG também pode ser uma tarefa ingrata. Por vezes, eles precisam informar às instâncias superiores que as coisas não vão funcionar, apesar de ouvirem como resposta: "Faça funcionar". Ao mesmo tempo, precisam transmitir aos níveis inferiores a mensagem de que este será o caminho a seguir, embora todos saibam e lhe digam: "Você sabe que não vai funcionar, então por que estão nos pedindo para fazer isso?"

Fazer a transição da gerência operacional para a gerência geral é uma das mudanças de carreira mais desafiadoras (e subestimadas). A necessidade de QE — estar aberto, ser autêntico, compreender as emoções uns dos outros — está associada ao QP; trata-se de ter a consciência de todas as sensibilidades que fazem parte do QE utilizado, mas usar o QP na busca de sua própria agenda. Então, como fazer isso? A parte do QI, que te permite compreender os argumentos de execução da estratégia e indica a melhor maneira de convencer as pessoas a segui-la, faz com que você se sinta pressionado, porque, mesmo que não acredite no argumento que está apresentando, ainda precisará torná-lo convincente. A frase "entre a cruz e a espada" poderia ter sido cunhada para um GG.

A resiliência (QR) necessária para lidar com as situações também é alta, porque você está preso entre dois níveis de gestão — operacional e estratégico — e a parte do QM é o lado mais moral da gestão, porque você está entre a realidade e as regras. Não há ninguém que consiga enfrentar essa dualidade, só mesmo os GGs.

Muitos deles tentam se comportar da maneira mais honrosa possível, e isso normalmente significa se comportar honrosamente para com a corporação. Seja o que for que possam ser forçados a fazer nos mercados ou comunidades locais, pelo menos eles colaboram genuinamente e fazem o melhor que podem, independentemente das pressões a que estão sujeitos.

LIDERANÇA ESTRATÉGICA

Quando você chega ao domínio da liderança estratégica (equipe de executivos), a primeira coisa a notar é que o conceito de equipe não se aplica. A ironia é que não há uma equipe na equipe de executivos. Pelo contrário, trata-se de um grupo de líderes que se reúnem em uma arena na qual os interesses concorrentes são negociados. Assim, a requisição de QE diminui, porque não se trata de uma equipe; pelo contrário, este é um ponto de encontro de interesses onde você tenta se engajar e encontrar um caminho através de uma série de desalinhamentos e tensões. Quando se trata da equipe de executivos, o maior desalinhamento é a vantagem competitiva. Se você é o gerente sênior que cuida da Ásia e da China, sua visão de vantagem competitiva provavelmente será muito diferente da de sua contraparte que gerencia a América do Norte.

Mas a equipe de executivos precisa apresentar uma visão abrangente da vantagem competitiva para os *stakeholders* da organização — mercados, acionistas e gerentes de nível inferior. Logo, a vida no topo constantemente envolve ter que lidar com desalinhamentos e engajar-se através deles quando não há um caminho fácil a seguir. Assim, a parte do QI aumenta ainda mais quando você faz a transição para o domínio de liderança estratégica, mas é preciso apresentar um argumento convincente para apoiar o seu caso quando há bons contrapontos a você. O componente QE cai completamente, porque você não pode ser aberto nessas circunstâncias. Mas o QP aumenta dramaticamente, porque o que está fazendo é defender sua agenda da maneira que sente que é o melhor caminho a seguir — e que tem consequências para a organização.

Viver neste mundo de desalinhamento coloca o líder sob pressão, por isso a parte QR é uma das dimensões mais importantes da liderança estratégica. O topo é um lugar difícil, especialmente quando se está na equipe de executivos, então você precisa ser resiliente para lidar com tudo isso. As estatísticas sobre a depressão e a resiliência dos gerentes individuais confirmam esse fato. Em Londres, realizou-se uma análise médica da saúde mental dos diretores de bancos, serviços financeiros e companhias de seguros. Verificou-se que 22% desses profissionais estavam fazendo tratamento médico ativo para depressão.[3] Isso era apenas o que estava visível — imagine só a gravidade do problema por baixo da superfície.

---

3. Entrevista do autor com o médico.

Portanto, viver em um mundo no qual você está constantemente fazendo malabarismos para seguir em frente enquanto os mercados mudam, e lidando com colegas que estão convencidos de que a visão deles está certa, gera consequências pessoais. Muitas vezes, também, as opiniões de seus colegas são baseadas em evidências e são corretas para a parte deles no negócio. Mas dois pontos de vista juntos, baseados em evidências diferentes, não chegam a uma conclusão compartilhada. Pelo contrário, geram uma tensão compartilhada. Como lidar com isso? O que temos testemunhado com muitos gerentes seniores é que eles tentam minimizar o conflito para reduzir a tensão. Mas, a tensão neste sentido é boa; é uma diferença sobre a qual podemos conversar. Mostra a maneira como pensamos e as experiências que temos nas nossas funções como, por exemplo, diretor de marketing ou diretor financeiro *versus* qualquer outro diretor. Pelo menos existem evidências de que podemos conversar e chegar a alguma conclusão. Para tanto, é preciso que haja algum tipo de comprometimento.

Os problemas reais começam quando a tensão se transforma em conflito e as linhas de defesa são traçadas. Tratar dos conflitos nos bastidores é a melhor forma de lidar com eles. Portanto, no nível do conselho, isso significa que o presidente tem uma conversa privada com um ou dois membros do conselho ou que o CEO tem uma conversa privada com um ou dois de seus diretores. E isso pode significar a saída dos diretores, e isso não é porque eles não são bons em seus trabalhos, mas porque estão em conflito com outro líder. Você pode ser excelente em seu trabalho, mas a organização não consegue funcionar com um indivíduo muito poderoso e competente usando evidências de uma forma inteligente e desestabilizando a equipe ainda mais.

Por isso, ao nível da estratégia, não se trata se uma equipe, mas de um grupo. É um ponto de encontro de interesses. O desafio neste domínio de liderança estratégica é encontrar uma forma coesa de avançar quando existem diferentes visões sobre a vantagem competitiva. Essa é a habilidade. E isso diz muito sobre a extensa teoria e a pouca prática do QM. O QM neste nível é menos sobre o imperativo moral e muito mais sobre ser visto fazendo o melhor possível dentro das circunstâncias.

LIDERANÇA DE GOVERNANÇA

O mesmo acontece na transição para o domínio da liderança de governança, que inclui executivos e não-executivos, diretores e CEOs, exceto que aqui o componente QI deve ser ainda maior do que antes, porque agora, como integrante do conselho, você está publicamente exposto. Aqui é preciso tratar de dois pontos.

A primeira diz respeito aos diretores executivos — em particular os CEOS e diretores financeiros. Por trabalharem em tempo integral, os diretores executivos têm *insights* e conhecimentos adicionais sobre a empresa, que os diretores não-executivos não têm. Mas, tal qual os diretores não-executivos (independentes), os CEOs precisam estar acima do seu papel executivo e devem fornecer supervisão e opiniões independentes, mesmo sobre projetos que possam ter iniciado ou com os quais possam estar estreitamente envolvidos. Se não exercerem o papel de supervisão, como os administradores não-executivos confiarão neles e, em especial, nos dados que levam ao conselho?

O secretário da empresa é o ponto-chave da informação e o indivíduo mais próximo do presidente, apesar de desempenhar um papel executivo. Mas ele também desempenha outro papel fundamental: o de supervisão executiva. É provável que o secretário da sociedade seja o primeiro membro do conselho a conhecer a natureza dos desafios futuros. A forma como essas sensibilidades são, então, facilitadas — com as preocupações de governança e administração no topo de suas mentes, enquanto o desempenho julgado é por outros diretores executivos, como o CEO, o consultor jurídico e o diretor financeiro — cria um tipo especial de tensão no conselho.

O segundo ponto aplica-se aos diretores não executivos. Eles têm as mesmas responsabilidades legais que os diretores executivos, mas têm menos conhecimento sobre o que está realmente acontecendo. Você só trabalha meio período. A questão é: como ter os mesmos *insights* que um diretor executivo que trabalha em tempo integral? Então, é melhor que os seus argumentos sejam bons, especialmente como presidente. A ideia de que o conselho é uma equipe está, mais uma vez, errada. O conselho é um local de encontro de interesses, e esses interesses devem se tornar públicos. Então, esse lugar ou arena é a válvula de segurança para a organização. No momento em que se insere mais na equipe, você perde a independência. Então, o grande problema do conselho é: como você mantém a independência e, ao mesmo tempo, conversa de forma significativa? A resposta é que é muito difícil.

Um diretor alemão observou: "Uma grande diferença entre um conselho alemão e um conselho britânico é que nós, alemães, somos honestos demais para sermos educados, mas os britânicos são educados demais para serem honestos. Então, como realmente conversar?"

O ponto de vista dele é parcialmente confirmado pelo que encontramos nos conselhos. As habilidades políticas são, agora, ainda mais vitais do que no nível estratégico da equipe de executivos, porque você precisa passar muito tempo longe da reunião do conselho, criando relacionamentos e discutindo questões. De fato, a maioria dos membros não-executivos do Conselho tem experiência em cargos de direção. Então, não é um trabalho de tempo integral. Eles têm uma série de empregos em várias empresas.

Essas habilidades políticas, ainda que bem usadas, encontram problemas quando o membro de um conselho participa de vários outros. Ou seja, quando seu portfólio é muito grande. A nossa investigação sugere que o número máximo de cargos em conselho que um indivíduo pode desempenhar ao mesmo tempo de maneira eficaz é três, ou possivelmente quatro, dependendo das suas responsabilidades — além de um cargo de presidente e um cargo de direção não-executiva.

Um país que tem procurado impor isso, através da sua bolsa de valores, é a Austrália. A bolsa australiana publicou listas de diretores que, pelos cálculos, tinham um número inapropriado de cargos de direção não-executiva e considerou-os incapazes de exercer as suas responsabilidades de supervisão de gestão.

A administração é a questão crítica dos conselhos. Leva tempo para entender a empresa; leva tempo para entender seus colegas. Você tem que ultrapassar todos esses problemas difíceis e precisa de tempo para isso. O perigo que estamos correndo em muitos países é tornar os conselhos mais exigentes e menos representativos na supervisão e na administração.

Ao contrário do que diz a opinião pública, pode-se argumentar que não estamos pagando o suficiente aos membros do conselho, quando se considera que as complexidades com que eles estão lidando estão maiores do que nunca. E, em muitos aspectos, eles não têm escolha a não ser ter uma mente muito afiada para apresentar um argumento convincente, ser político no sentido mais positivo e ser resiliente, porque, ao contrário da gerência, eles não sabem muito bem, enquanto membros do conselho, quando um escândalo vai romper. Você pode ter um pressentimento, mas não sabe, da forma que a gerência muitas vezes sabe, quando um escândalo vai surgir. Então, você poderia estar participando do conselho de outra pessoa quando, de repente, o rádio anuncia que você e seus colegas de outro conselho serão investigados porque algo deu errado.

Portanto, a resiliência precisa ser muito maior, e é por isso que, em muitos aspectos, a prática do QM no nível do conselho é a mais baixa de todas as quatro áreas de trabalho. Trata-se de uma situação impossível, em que você está tentando conciliar preço de ações, a percepção e as crenças na vantagem competitiva com a realidade dos mercados em que a organização opera.

Após muitos anos de observação e investigação, concluímos que os membros realmente bons do conselho são indivíduos excepcionais, porque ser julgado injustamente faz parte do trabalho em que estão. E não há como contornar isso. Essencialmente, você está tentando lidar com todas as preocupações. Ainda não é uma crise, mas sim uma preocupação, e você precisa trilhar o seu caminho através dessas preocupações, lidando com um contexto de cada vez. Então é bom que as seus ouvidos estejam perto do chão. Se você é o presidente, é melhor ter criado uma cultura de membros do conselho visitando locais, tentando entender a administração e construindo um relacionamento com a gerência, ao mesmo tempo em que mantém essa cultura de independência.

Quando se perde a cultura da independência, as coisas costumam dar errado. Mas manter viva essa cultura também significa que você tem a responsabilidade pela administração. Se deparar com o desafio de manter o preço e a rentabilidade das ações é uma tarefa difícil. Manter o sistema funcionando pode ser ainda mais complicado se você opera na América do Sul, Europa Oriental e África, já que nesses locais o sistema pode estar corrompido. É por isso que existe tensão entre QM, QP e QI.

O papel do líder estratégico (executivos) e do líder de governança (conselho), na maioria das organizações internacionais, é repleto de ambiguidade e conflitos.

A única exceção que observamos foi no nível dos executivos e do conselho em empresas baseadas na missão.

Portanto, há uma diferença entre 80% ou mais das empresas do mundo, que são baseadas na visão, e os outros 20%, que são baseadas na missão. A distinção se dá porque a missão é baseada em valores, enquanto a visão é baseada em critérios econômicos. Como vimos no capítulo anterior, as organizações baseadas na missão proporcionam um ambiente e um contexto de liderança mais favoráveis.

Nestas organizações o QM é alto, mas o QE é baixo. Por isso, ao nível dos executivos e da direção, ainda não se trata de uma equipe. É ainda um ponto de encontro de interesses, mas há um limite moral que está embutido no tecido da empresa.

A outra questão é como você faz a transição entre os quatro domínios de trabalho de liderança. O que é preciso para passar de um domínio de trabalho para o outro?

TRANSIÇÃO

Transição 1: Descobrimos que, ao passar da liderança de gerência operacional para a de gerência geral, a taxa de ocorrência de pessoas muito brilhantes, MBAs e assim por diante, foi de cerca de 34%. Isso deve fazer soar o alarme em qualquer organização que acredite na gestão eficaz de talentos.

Qual fator crítico fez a diferença? A política. Os líderes que não fizeram uma transição bem-sucedida não conseguiram lidar com a natureza disruptiva das relações, a negociação constante e a pressão implacável. Na verdade, essas questões afetam o seu estilo de vida e a sua vida privada.

Então, o que é preciso para passar da liderança operacional para a liderança de gerência geral? Primeiro, uma compreensão do que significa ser um GG e da exposição que você tem. Em segundo lugar, você deve entender o que significa negociar e como fazer negócios na parte do mundo em que está. Então, se você é gerente regional da Ásia, deve agir de acordo.

Terceiro, é preciso aprender a negociar com a sede. E você precisa ser bom nisso. O que muitas pessoas — algumas bem inteligentes — descobrem é que, intelectualmente, elas conseguem fazer o trabalho. Para elas, é difícil ter a resiliência para fazer isso dia após dia. Elas não têm essa capacidade. E é por isso que há uma taxa de evasão tão alta.

Transição 2: A transição da gerência geral para a equipe de executivos é outra grande mudança. Significa aceitar o fato de que a equipe principal não é uma equipe, mas um grupo de interesses. A maioria dos GGs tem sido usada para criar equipes ao redor e abaixo deles, e para criar uma atmosfera colegial em toda a organização (ou pelo menos tentar).

Mas trabalhar no mais alto nível da equipe significa lutar pelos seus orçamentos. É entender que se trata de um ponto de encontro de interesses e que os seus interesses devem predominar sobre os de qualquer outra pessoa. Esse deverá ser o caso se você tiver um CEO agressivo e que não trabalhe bem em equipe.

Então será preciso aceitar o fato de que a reputação e o preço das ações se baseiam em percepções que são mais importantes do que a realidade do que você está fazendo em vários mercados ou comunidades. Conversamos com muitos GGs que disseram: "Eu entendo totalmente o trabalho, entendo totalmente a pressão que o time principal está sofrendo. Eu os admiro por isso, mas sabe de uma coisa? Não é para mim. Não quero esse estilo de vida. Não quero levar esses problemas para a minha família. Estou muito feliz com o dinheiro que tenho. Eu realmente não quero esse tipo de pressão. Mas, intelectualmente, consigo lidar com eles." E foi isso que encontramos. Intelectualmente, eles conseguem lidar com o trabalho, mas não querem as outras pressões.

Transição 3: A transição da equipe de executivos para o conselho requer a capacidade de transição da gerência para a administração — e do controle hierárquico para a influência pessoal. Para muitos diretores, controlar as coisas é um problema. No conselho, eles sabem que não têm poder hierárquico, então precisam começar a exercer influência através de relações pessoais. É difícil manter uma certa distância da empresa para garantir a conformidade e a independência.

Alguns dos piores presidentes que encontramos são ex-CEOs. E alguns dos melhores têm experiência em organizações nas quais o controle hierárquico não é a norma. Portanto, são sócios seniores de empresas de serviços profissionais, como a McKinsey ou a KPMG. Mike Rake, da EasyJet, por exemplo, trouxe Carolyn McCall do The Guardian Media Group e ela exerceu um impacto tremendamente positivo na EasyJet. Mike Rake era sócio sênior da KPMG.

Então, as principais capacidades incluem saber como facilitar o caminho a seguir, que, muitas vezes, vem com bstáculos impossíveis de ultrapassar. É um desafio saber que você está exposto a um ambiente jurídico, que é implacável, mas ainda assim precisa criar uma cultura e confiança externas em mercados que são difíceis de operar. Desenvolver um argumento convincente é fundamental. Portanto, o elemento QI deve ser ainda maior do que antes, assim como a parte

QP. E é preciso que a resiliência para lidar com as coisas, quando não se tem alavancas de controle, seja maior do que antes.

Então, identificamos que há, na equipe de executivos e no conselho, na liderança estratégica e na liderança de governança, uma diferença entre sentir-se autêntico e ser visto como autêntico. Nós encontramos muitas pessoas no topo que realmente se sentem autênticas, mas que fizeram uma ou duas coisas que certamente não são. E, apesar de serem vistas como não-autênticas por outros na organização, elas ainda se sentem como tal. E a razão para isso é que fizeram realmente o melhor que puderam nas circunstâncias mais difíceis. O que a maioria das pessoas não vê é o quanto a situação poderia ser pior, mas o líder da equipe de executivos e o membro do conselho conseguem.

Por isso, a autenticidade significa algo diferente nesses níveis sénior, e, isso, em si, é algo difícil de aceitar. E o que muitos GGs não querem reconhecer é que eles vão trabalhar e entrar em um mundo no qual se sentirão autênticos, mas serão vistos como não-autênticos, e não receber o respeito de seus colegas ou das pessoas ao seu redor.

A maioria das questões que tiram os líderes dos eixos, uma vez que entraram na gerência geral ou acima, não tem nada a ver com seus cérebros, habilidades ou experiência. A maioria das pessoas é boa. A questão é, muitas vezes, o lado emocional, a resiliência. É como seus colegas os vêem — a perda de reputação que eles podem ter que enfrentar. São das pressões que eles não gostam. O que eles querem é o estilo de vida.

Uma coisa é absolutamente clara: quando você chega ao nível mais alto, é preciso ter um caráter excepcional para sobreviver naquele mundo.

Há um consenso na literatura que os CEOs e gerentes seniores precisam ser psicopatas. Ainda não encontramos isso.

Apenas encontramos pessoas que são altamente focadas, pessoas que estão fazendo coisas difíceis, pessoas que precisam avançar. E, quando você cavar debaixo da superfície e conhecê-los, vai ver que eles são indivíduos altamente vulneráveis que estão sofrendo pelo que estão tentando alcançar e têm um estilo de vida que não é muito agradável e que você não desejaria a ninguém.

Mas a percepção do seu foco, impulso e dinamismo faz com que pareçam o psicopata estereotipado, quando, na verdade, são pessoas que precisam de ajuda. A liderança é, provavelmente, o trabalho mais difícil do mundo. Talvez tenha chegado o momento de reconhecermos isso — e de oferecemos mais apoio e simpatia às pessoas que o fazem. Não se trata de lhes pagar mais dinheiro, mas sim de lhes prestar o respeito que merecem.

Como sociedade, precisamos de líderes. Muitos de nós não estamos equipados ou preparados para desempenhar esse papel. Líderes — verdadeiros líderes — precisam fazer julgamentos e tomar decisões difíceis com base em informações imperfeitas e sob pressão de tempo. Às vezes, o menor mal é o melhor resultado que podemos esperar. Compreendemos isso na esfera política, mas continuamos cobrando da esfera empresarial.

Uma maior compreensão e apreciação do difícil trabalho que os gerentes seniores fazem — e da importância dos 5Qs — ajudariam a criar um novo modelo de liderança baseado nas realidades dos diferentes papéis, e os gerentes talentosos a fazerem as transições necessárias. É preciso que todos se interessem por isso. Esperamos que este livro possa ir um pouco mais longe nesse debate.

PONTOS DE AÇÃO

Os 5Qs não são aplicados da mesma forma em toda a organização. A razão para isso é a complexidade. No momento em que você deixa para trás um papel de liderança operacional e passa para circunstâncias de governança ou de estratégia, se torna mais difícil lidar com essas complexidades, porque não há respostas claras.

Avaliando sua liderança para todos os 5Qs:

- Os líderes precisam navegar através das transições. A maior delas é o passo dado entre o gerenciamento operacional e o geral — você será muito mais pressionado do que em qualquer outro momento de sua jornada de liderança, porque as evidências mostram que você precisa utilizar todos os 5Qs ao mesmo tempo.
- Isso significa ser aberto e honesto com seu QE, bem como ser político ao usar QP, às vezes prejudicando a si mesmo devido às circunstâncias morais da situação, mas que não são culpa sua. Você está preparado para essa troca? Como vai conseguir isso?
- Os GGs são, provavelmente, o grupo mais propenso a sofrer de burnout ou estresse. Ter a amplitude de espírito para fazer a transição da gerência operacional para a gerência geral é um grande desafio. Você está pronto para enfrentá--lo? O que isso significará para a sua família e suas outras relações?
- O maior desafio para a transição de um GG para a liderança estratégica reside em duas áreas: lealdade e entendimento do que é uma equipe. No topo, você está tentando aproveitar melhor os ativos à sua disposição, o que significa que a lealdade às pessoas é apenas uma preocupação e pode ter que ser sacrificada. Na gerência geral, ela é a prioridade. Você está disposto e se sente capaz de fazer essa transição? Você consegue colocar os interesses da organização acima das pessoas que trabalham para ela?
- No topo, o líder não faz parte de uma equipe como tal; ao contrário, é um encontro de interesses. Como você aborda isso vai depender de como você define a melhor maneira de posicionar os ativos para alcançar os resultados desejados. Seu senso de equipe é desafiado nos níveis de gerência sênior. Você consegue fazer esse ajuste? Consegue ser um defensor eficaz da sua parte da organização e lutar por ela, ao mesmo tempo em que também está preparado

para fazer sacrifícios e acordos informais para o bem do negócio em geral?

- Na transição do gerenciamento estratégico para uma função de governança, a grande mudança é o aumento da sua exposição. A gerência pode se safar de alguma coisa, mas espera-se que o conselho aja ao perceber qualquer irregularidade. Você está pronto para essa responsabilidade?

- As questões morais são mais proeminentes no nível de governança, mas você não tem outra autoridade além da influência. Isso significa que a forma como você apresenta os seus argumentos e o seu caso precisa ser ainda melhor do que antes. Como garantir que você tem a informação certa para construir o seu argumento?

Apêndice
Lista de verificação dos 5Qs

INSTRUÇÕES

Perceba como você se comporta nos 14 cenários seguintes. Para cada cenário, há cinco comportamentos possíveis. Por favor, classifique-os de 1 a 5 — com 5 sendo o comportamento mais provável de você adotar e 1, o menos provável. Ao preparar o seu ranking, visualize-se nestes cenários e seja o mais honesto possível em suas respostas.

Cenário 1: nas reuniões
Ao participar de reuniões, você:
1. Usa argumentos racionais que conduzem a uma conclusão lógica.   a
2. Se deixa ser guiado pelos sentimentos e sensibilidades das pessoas.   b
3. Prossegue com a sua agenda, por vezes às custas dos outros.   c

4. Trata cada membro da reunião de forma justa e respeitosa. — d

5. Se prepara para poder enfrentar qualquer conversa. — e

Cenário 2: com seu chefe

Ao se reunir com seu chefe, você:

1. Se deixa ser guiado pelo humor dele(a). — b

2. Se deixa influenciar ao ser tratado com respeito e conduta apropriada. — d

3. Apresenta claramente o seu projeto. — a

4. Ajusta o que você apresenta, sabendo qual é o ponto de vista do(a) seu(sua) chefe sobre o assunto. — c

5. Diz o que quer dizer, independentemente da situação. — e

Cenário 3: com sua equipe

Ao se reunir com sua equipe, você:

1. Se desvia do seu plano para tratar todas as pessoas da mesma maneira. — d

2. Insiste para que as decisões tomadas sejam sustentadas por um bom argumento. — a

3. Dá atenção àqueles que concordam com você para que o seu ponto de vista ganhe. — c

4. Estimula a participação positiva ao ser sensível à como cada um se sente. — b

5. Diz a todos se que sejam firmes e falem abertamente. . — e

Cenário 4: com seus pares

Ao se encontrar com seus pares, você:
1. Dá prioridade às relações de amizade.   b
2. Se reúne com algumas pessoas antes da reunião, a fim de ganhar o apoio delas.   c
3. Confia na clareza da argumentação.   a
4. É coerente, partilhando igualmente a informação com todos.   d
5. Diz o que quer dizer, independentemente do que os outros sintam.   e

Cenário 5: com os *stakeholders*

Ao interagir com os principais *stakeholders*, internos e externos, você:
1. Sabe até que ponto pode influenciar cada um deles para garantir seus resultados.   c
2. Nunca leva as pessoas além da zona de conforto delas.   b
3. Estabelece uma forma de operar que seja justa para todos.   d
4. Dá prioridade à clareza da argumentação.   a
5. Se fortalece o suficiente para enfrentar qualquer conversa.   e

Cenário 6: com clientes

Ao se reunir com clientes, internos e externos, você:
1. Confia na apresentação dos fatos para prestar um bom serviço.   a
2. Estabelece a maneira que as questões devem ser conduzidas, enfatizando a transparência.   d
3. Se deixa ser influenciado pelas preocupações e sensibilidades de cada cliente.   b
4. É sensível às preocupações dos seus clientes, a fim de moldar as expectativas deles à sua maneira.   c
5. Apenas fala a verdade.   e

Cenário 7: ao apresentar o seu caso, você

Ao apresentar seu projeto, você:

1. Se prepara para enfrentar comentários, críticas? — e
2. Presta atenção aos sentimentos na sala de reuniões e não ofende ninguém? — b
3. É honesto, transparente e faz a coisa certa? — d
4. Sabe até onde pode levar cada pessoa da sala para conseguir o que quer? — c
5. Se baseia na lógica sustentada por provas? — a

Cenário 8: dar feedback (ao seu chefe)

Ao dar feedback ao seu chefe, você:

1. Explica porque o feedback está sendo dado e pede permissão antes de dá-lo. — d
2. Simplesmente lista as os problemas em questão. — a
3. Insere algo positivo no feedback, mesmo que não seja o caso. — c
4. Pensa sobre como ele(a) reagirá, antes de dar o feedback. — b
5. Diz o que sente e pede para que ele(a) faça o mesmo. — e

Cenário 9: dar feedback (aos seus subordinados)

Ao dar feedback aos seus subordinados, você:

1. Insere algo positivo no feedback, mesmo que não seja o caso. — c
2. Pensa sobre como ele(a) reagirá, antes de dar o feedback. — b
3. Simplesmente lista os problemas em questão. — a
4. Explica porque o feedback está sendo dado e pede permissão antes de dá-lo. — d
5. Diz o que sente e pede para que ele(a) faça o mesmo. — e

Cenário 10: dar feedback (aos seus pares)
Ao dar feedback aos seus pares, você:
1. Simplesmente lista os problemas em questão. a
2. Pensa sobre como ele(a) reagirá, antes de dar o b feedback.
3. Insere algo positivo no feedback, mesmo que não c seja o caso.
4. Explica porque o feedback está sendo dado e pede d permissão antes de dá-lo.
5. Diz o que sente e pede para que ele(a) faça o e mesmo.

Cenário 11: Fazer uma apresentação
Ao fazer uma apresentação, você:
1. É extrovertido e brinca com a plateia. c
2. Não se desvia do que é correto e apropriado de d se dizer.
3. Enumera os seus pontos de uma maneira clara e a racional.
4. Sente o que a plateia quer ouvir. b
5. Tem a coragem de levantar uma questão descon- e fortável.

Cenário 12: em casa
Em casa, você:
1. Tenta encontrar soluções lógicas para as preo- a cupações de cada membro da família, mesmo estando cansado.
2. Sempre demonstra interesse, mesmo que você e continue sendo visto como insensível.
3. Sabe a quem agradar para conseguir o que deseja. c
4. Garante que cada um tenha o direito de intervir d antes de qualquer decisão importante ser tomada.

5. Se sente relaxado por estar com a família, apesar do cansaço. b

Cenário 13: receber feedback
Ao receber feedback, você:
1. Aprecia o fato do feedback ter sido estruturado de forma lógica. a
2. Reconhece que a outra pessoa é sensível a sua maneira de reagir. b
3. Compreende que os comentários feitos são aqueles que a outra pessoa quer que você ouça. c
4. Respeita o fato de que você é tratado da mesma forma que qualquer outra pessoa. d
5. Se fortalece emocionalmente para ouvir aquilo que será dito. e

Cenário 14: em geral
Em geral, você acredita mais:
1. Na sensibilidade de cada pessoa. b
2. Nos argumentos lógicos. a
3. Em tratar todos da mesma forma. e
4. Em negociar a seu favor. c
5. Em ser resiliente para enfrentar qualquer situação. d

INSTRUÇÕES DE PONTUAÇÃO

Transfira cuidadosamente os seus resultados (1 menos provável — 5 mais provável) para a tabela

Cenário	Pontuação				
	QI	QE	QP	QR	QM
1	a	b	c	e	d
2	a	b	c	e	d
3	a	b	c	e	d
4	a	b	c	e	d
5	a	b	c	e	d
6	a	b	c	e	d
7	a	b	c	e	d
8	a	b	c	e	d
9	a	b	c	e	d
10	a	b	c	e	d
11	a	b	c	e	d
12	a	b	c	e	d
13	a	b	c	e	d
14	a	b	c	e	d
TOTAL					

* Prova real: O total de cinco colunas deve somar 210

INTERPRETANDO SUA PONTUAÇÃO NOS 5QS

Note que a lista de verificação não é um teste psicométrico. O principal objetivo dele é promover novas discussões sobre os 5Qs, e indicar como os processos de racionalização e padrões de comportamento afetam as capacidades de liderança.

Esta é a forma de interpretar sua pontuação
Some cada coluna da tabela de pontuação e procure a nota mais alta (++) e a segunda mais alta (+). Observe que as colunas I, II, III, IV e V representam QI, QE, QP, QR e QM respectivamente. Assim, por exemplo, uma pontuação mais alta de QI será representada por QI++; uma segunda pontuação mais alta para QI será representada por QI+.

Definições

QI	A capacidade de adquirir conhecimento para resolver problemas lógicos ou estratégicos dentro de um determinado contexto; reflete habilidades de raciocínio lógico e dedutivo.
QE	A capacidade de compreender e gerir tanto as próprias emoções como as dos outros; compreende a maneira como as emoções influenciam a objetividade e a tomada de decisões, e como este conhecimento é utilizado para construir relações e melhorar o desempenho.
QP	A capacidade de engajar e influenciar os *stakeholders* e afetar o comportamento alheio a fim de avançar através de diversas agendas, favorecendo a sua própria.
QR	A capacidade de compreender emocionalmente as tensões e pressões enfrentadas e de ser realista sobre o que é necessário para sustentar o desempenho.

QM	A capacidade de compreender o próprio sistema de valores e utilizá-lo

Diretrizes para interpretar suas pontuações

QI++

QE+	Claro, racional, decisivo e, ao mesmo tempo, sensível aos *stakeholders*, indivíduos e grupos. Faz um esforço genuíno para que haja participação compartilhada e aberta.
QP+	Claro, racional, decisivo e sensível a determinados *stakeholders*, indivíduos e grupos, a fim de selecionar quem influenciar para garantir o progresso da própria agenda.
QR+	Claro, racional, decisivo e realista sobre o que é necessário fazer para contribuir em circunstâncias de pressão.
QM+	Claro, racional e decisivo na hora de estabelecer limites morais e éticos entre comportamentos aceitáveis/inaceitáveis e corretos/incorretos.

QE++

QI+	Constantemente sensível aos *stakeholders*, indivíduos e grupos, a fim de criar uma participação compartilhada e aberta através de uma definição clara da razão por trás de tal orientação.
QP+	Particularmente sensível aos *stakeholders* , indivíduos e grupos selecionados, utilizando elogios/charme para fazer com que as outras partes sejam influenciadas a aceitar suas necessidades/agendas.

QR+	Sensível às vulnerabilidades de cada um e realista sobre o que é pessoalmente necessário para se fortalecer emocionalmente.
QM+	Constantemente sensível aos *stakeholders*, indivíduos e grupos, a fim de orientar outros a adotar padrões éticos/morais adequados e determinadas formas de pensar
QP++	
QI+	Particularmente focado em influenciar os outros a realizarem seus objetivos/agendas através do posicionamento racional e lógico de comentários e argumentos, favorecendo resultados predeterminados.
QE+	Consciente do que é necessário para realizar seus próprios objetivos/agendas; adota uma abordagem sensível do relacionamento com os *stakeholders*, indivíduos e grupos, para que eles sintam a sua receptividade e amizade e, inadvertidamente, adotem sua perspectiva.
QR+	Consciente das tensões, pressões e agendas de cada contexto, a fim de se fortalecer para trabalhar com estes desafios.
QM+	Consciente do que é necessário para realizar seus objetivos/agendas; adota um comportamento moral/ético/de alto nível, para que os outros sintam que aquilo que está sendo sugerido é a coisa certa a fazer.
QR++	
QI+	Apoia-se em evidência e lógica, a fim de identificar a natureza dos desafios a serem enfrentados.

QE+	Sensível às próprias vulnerabilidades e às alheias; autoriza o compartilhamento de experiências e abordagens, a fim de garantir um melhor engajamento através de uma maior resiliência.
QP+	Consciente do que é necessário para enfrentar os desafios; tem a confiança para lidar com múltiplas agendas, a fim de atingir os próprios objetivos.
QM+	Consciente da força de caráter necessária para ver através de desafios; fornece a coragem para garantir que os limites morais sejam mantidos.
QM++	
QI+	Firme sobre os limites éticos a serem adotados; utiliza argumentos racionais e dedutivos para justificar seu posicionamento.
QE+	Firme sobre os limites éticos a se adotar; demonstra sensibilidade aos *stakeholders*, indivíduos e grupos, através de tutoria e receptividade, a fim de facilitar uma visão compartilhada sobre a conduta adequada.
QP+	Firme sobre os limites éticos a serem adotados; busca influenciar os stakeholders, indivíduos e grupos específicos através da demonstração de sensibilidade e receptividade apenas para as relações consideradas necessárias para ganhar aceitação da sua perspectiva do que significa um comportamento correto/errado, apropriado/inapropriado.
QR+	Firme sobre fronteiras éticas a serem mantidas; reconhece o que deve ser suportado para que esses padrões éticos não sejam comprometidos.

Sucessos

ubk Publishing House

Como liderar - 8 lições para iniciantes

Em oito lições simples, John Adair explica o básico sobre liderança de maneira clara, concisa e relevante. Para melhorar a natureza prática do texto, cada um dos capítulos é seguido por uma série de pontos-chaves e resumos preparados para incentivar você a se tornar um profissional mais capacitado Em qualquer trabalho, chega o momento em que um profissional é solicitado a liderar outras pessoas. No entanto, embora ela esteja preparada em sua própria área de atuação, é normal sentir medo de encarar essa nova fase de sua carreira. Afinal, poucas pessoas são ensinadas a liderar. O que você precisa saber? Como liderar?

Tirânia da opinião - Conformismo e o futuro do liberalismo

Vivemos em uma era de ideologia, propaganda e tribalismo. Conformidade política é reforçada por muitos lados; o insidioso controle social que John Stuart Mill chamou de "a tirania da opinião e do sentimento predominantes". As pessoas liberais ou de esquerda costumam ter mais medo umas das outras do que de seus adversários conservadores ou de direita. A mídia social e a cultura de call-out facilitam nomear, envergonhar, marginalizar e perseguir os não-conformistas e destrói carreiras e vidas.

OUÇA ESTE E MILHARES DE OUTROS LIVROS NO UBOOK.
Conheça o app com o **voucher promocional de 30 dias.**

Para resgatar:
1. Acesse **ubook.com** e clique em **Planos** no menu superior.
2. Insira o código #UBK no campo **Voucher Promocional**.
3. Conclua o processo de assinatura.

Dúvidas? Envie um e-mail para contato@ubook.com

*

ACOMPANHE O UBOOK NAS REDES SOCIAIS!
 ubookapp   ubookapp   ubookapp